Piensa, siente, actúa

Grupo ROBIN BOOK
Barcelona - México
Buenos Aires

Elías Kateb

Piensa, siente, actúa

Mindfulness

El poder de la atención plena

autoayuda

ROBIN BOOK

Diseño de cubierta: Regina Richling
Fotografía de cubierta: © iStockphoto/Gabor Izso
Diseño interior: LEB/iScriptat

ISBN: 978-84-9917-055-8
Depósito legal: B-22.032-2010

Impreso por Limpergraf, Mogoda, 29-31 (Can Salvatella),
08210 Barberà del Vallès

Impreso en España - *Printed in Spain*

Índice

Introducción

Mindfulness es una práctica milenaria que cultivan miles de personas en todo el mundo. En los últimos años ha despertado el interés de los psicólogos y profesionales de la terapia mental por los beneficios que reporta a la salud humana. Universidades, hospitales, centros médicos y de investigación, dedican horas y recursos a su enseñanza, divulgación y estudio. Las últimas décadas han visto una proliferación de artículos, libros, documentales, páginas web que hablan sobre los efectos que producen en los ejercitantes.

¿Que puede aportar *mindfulness* a nuestra vida? Muchas cosas. Nos puede ayudar a serenarnos, a concentrarnos en el estudio o trabajo, a descansar mejor, a conseguir nuestros fines, a mejorar nuestras relaciones y habilidades, a conocernos mejor, a orientarnos hacia lo que deseamos, a fortalecer nuestra disciplina y voluntad, a hacer frente a los problemas y adversidades personales, incluso a aliviar los pequeños dolores físicos. En una palabra lograr una vida plena y dichosa.

Mindfulness nos apremia a ser los protagonistas de nuestras vidas, nos llama a la grandeza de vivir cada instante, al encanto y a la pasión de ejercer la propiedad de nuestro ser, a la conquista de nosotros mismos, a la aventura inacabable de mirar hacia el interior. El tiempo es Ahora.

Además, nos enseña una cosa importante, que la felicidad es cosa del día a día, que no es cosa del mañana.

Está en lo que hacemos a cada momento, en nuestro trabajo, en nuestro hogar, solos o acompañados, ya mismo. Si esperamos que nos venga del cielo, o que nos sonría la diosa fortuna, o que alguien nos la dé, perdemos la oportunidad de disfrutarla. La ocasión es única, está Aquí.

Vamos a ver en este libro qué podemos hacer para lograrlo. El capítulo I es una discusión sobre el origen y significado de *mindfulness*. Para las personas que conozcan algo sobre budismo les diremos que se trata del corazón de la meditación Vipassana, una disciplina abierta que se adapta muy bien a cualquier creencia que tengamos. Pero este libro no es un tratado teórico. El propósito es explicar el concepto en pocas palabras e inducir a su práctica. Tiene un enfoque útil, práctico, para que podamos ejercitarnos en esa disciplina antigua pero con una visión moderna y actual. Es un libro de autoayuda, un libro pensado para el entrenamiento. Podemos leerlo de un tirón, o bien ir directamente a los apartados que nos interesen, alternando la teoría con la práctica. El capítulo II contiene una serie de propuestas en forma de ejercicios y prácticas sencillas, fáciles de entender. La mayor parte están extraídas de las antiguas tradiciones; que juntas o separadas, nos permitirán formar un estilo de vida propio, adecuándolas a nuestra manera de ser. En el capítulo III veremos cómo podemos aplicar estos antiguos métodos a las situaciones más habituales de nuestra forma de vida moderna y actual. ¿Qué sentido tendría hablar de una práctica para vivir el día a día sin que le encontremos una relación directa con nuestra vida cotidiana?

Se ha demostrado que para la mayoría de las personas, cuando se ejercitan en esta práctica, su vida mejora física y emocionalmente, en un sentido muy amplio. Este es el objetivo central de este libro. ¿Cómo mejorar la vida cotidiana con *mindfulness* o la atención plena?

I.

¿Qué es *mindfulness*?

Origen de la palabra

Mindfulness es un vocablo inglés que tiene su origen en el budismo. Aparece de lleno en Occidente en el siglo XIX, cuando se difunden los antiguos textos religiosos orientales de la mano de Friedrich Max Müller, autor de *Los libros sagrados del Este*. En ese siglo el mundo vivió una convulsa serie de cambios sociales, técnicos, políticos, y ocurrió lo que hoy llamamos la primera gran globalización. Historiadores, pensadores, aventureros y viajeros trajeron a Europa y Estados Unidos un conocimiento milenario olvidado, incluso en sus países de origen. Muchas sociedades y grupos de todo tipo, a veces alrededor de personajes emblemáticos, impulsaron su estudio y divulgación.

Aprovechando esa corriente de interés ven la luz en Occidente los principales libros budistas, a través de la Pali Text Society fundada por Thomas William Rhys Davids en 1881. La lengua original en la que están escritos es el antiguo lenguaje hindú llamado *pali*, una lengua culta, de ahí su nombre. El conjunto más importante de los mismos se conoce por el canon o literatura pali. Buda, al igual que Jesús o Zaratrusta, no escribió nada; fueron sus discípulos los que recogieron su vida y sus palabras tras su muerte. Los *sutras* o *suttas*, forman una parte importante de esa colección o canon recopilatorio. Son discursos, sermones o pláticas, de una gran belleza y profundidad. En uno de ellos, el conocido como Digha Nikaya hay una enseñanza que se conoce con el nombre del *camino intermedio* o el *óctuple camino,* quizás la más conocida de todas, además de las llamadas *cuatro nobles verdades*. Mircea Eliade en su completa *Historia de la creencia y de la ideas religiosas*, señala la importancia que tienen en el budismo estas ochos reglas sobre las que los textos insisten en diversas ocasiones.

Empieza con un diálogo entre el príncipe Mahali y Buda:

> «—Y ¿no existe, ¡oh señor!, un camino, un método para poder realizar, estas condiciones?
> —Sí, ¡oh Mahali!, existe un camino, un método para poder realizar estas condiciones.
> —¿Cuál es, ¡oh señor!, este camino, este método?
> —Este es, ciertamente, el noble óctuple camino.»

Buda, a continuación, le expone las condiciones para alcanzar la iluminación final, que como su nombre indica consiste en ocho ideas o principios que han de regir la vida de un creyente. Las cinco primeras están relacionadas con la vida moral. Son la recta opinión o visión de las cosas, la recta comprensión o recta intención, la recta palabra, la recta acción, y la recta forma de vida. La sexta está relacionada con la mente, la recta vigilancia o esfuerzo mental; y la octava es la recta concentración. La séptima que en pali se escribe «samma sati», fue lo que se tradujo como *mindfulness*. En su sentido primitivo, «samma» es un adjetivo que quiere decir recta, como contrario a erróneo o también, perfecto o completo; y «sati» quiere decir atención o conciencia. Aunque ambos vocablos tienen una amplia gama de significados. Uno bastante fiel al original sería recta atención o atención correcta, aunque a veces según la traducción o versión, se puede encontrar como penetración luminosa o recta meditación.

Según Daniel Goleman, *sati* sería el medio para la purificación de los sentidos. Y añade que «el control de los sentidos mediante la atención se consigue cultivando el hábito de observar simplemente las percepciones sensoriales, no permitiéndoles que estimulen la mente formando reacciones en cadena de pensamientos».

> *Mindfulness* no tiene una traducción concreta al castellano. Se habla de atención plena, conciencia plena, mente atenta, atención consciente, presencia atenta y reflexiva, atención vigilante, atención pura, alerta correcta o atención sostenida, por citar las principales.
>
> La más usada es **atención plena**, a pesar de que no incluye todos sus matices. Quizás atención plena y Consciente sería más completa. Para simplificar usaremos la primera como versión castellana de ***mindfulness***, sin dejar de usar este mismo término en inglés porque también se usa indistintamente en los textos en español. La psicología clínica primero y la social después han abordado su significado con más matices como veremos después.

Para Hammalawa Saddhatissa, la recta atención es el factor fundamental del óctuple sendero, e indica que «en terminología cristiana *samma sati* puede ser traducido como *la práctica presencia de Dios*, implica el ser consciente de sí mismo cada vez más hasta que cada acción, cada pensamiento y palabra tenga lugar a plena luz de la conciencia». Añade que en otro sutra del mismo canon, el

Satipatthana, o el sutra de la de los fundamentos de la atención plena, la práctica de la misma se describe bajo cuatro epígrafes conocidos como los cuatro fundamentos de la atención. El primero es la atención del cuerpo. El segundo la atención de los sentimientos. El tercero la atención del estado de la mente. Y el cuarto sería el cultivo en todo momento, en todo instante de la vida personal y cotidiana de la plena atención, el resumen de las enseñanzas. Por tanto este último aspecto es el más profundo, la presencia mental y consciente en aquello que uno hace.

Finaliza el mencionado sutra con unas significativas, profundas y penetrantes palabras, cuyo sentido sigue plenamente vigente:

> «Si un monje desarrolla estos cuatro fundamentos de la atención durante siete años, es de esperar uno de los dos resultados: conocimiento aquí y ahora o, si hubiera algún elemento de apego, no volverá a aparecer.»

Un poco de historia

Como vemos, *mindfulness* hunde sus raíces en los orígenes de la más antigua tradición budista. Hemos de tener en cuenta que en la época de la doctrina predicada por Buda, la India vive una época de pujante actividad religiosa y filosófica que en palabras de Mircea Eliade «se ha comparado con el florecimiento espiritual de Grecia por la misma época». En aquel momento no había ningún tipo de conexión global en el mundo. Estamos hablando del siglo V a.C. La predicación de Buda no tuvo éxito inmediato. Sus enseñanzas son recogidas por muchas sectas y grupos, además de ascetas itinerantes y yoguis, etc. Su propagación por la India y Asia tuvo lugar después. Fue debida a la conversión del rey Asoka, llamado «el Constantino del budismo», ya que gracias a su impulso se difundió por todo el subcontinente indio. Aún se conservan algunos edictos suyos en roca. Inició la construcción de templos y monasterios por todos los rincones, que fueron las piezas fundamentales de su expansión. Como en todas las grandes religiones, el paso del tiempo provocó divergencias en la interpretación de las enseñanzas primitivas. Hacia el siglo I a.C. una tendencia adquiere una línea definida. Recibió el nombre de *mahdydna* o *mahayana* o «gran vehículo»; las antiguas escuelas, aferradas a la interpretación original, recibieron el nombre *hinaydana* o «pequeño vehículo». Ambas se difundieron por todo el extremo Oriente. La primera lo hizo mayormente por Mongolia, Tíbet, China, Japón, Corea, Vietnam, y Nepal. En Tíbet más adelante derivó en el budismo tibetano, cuya figura y autoridad más conocida es el Dalai Lama; y también su propagación por

Corea, China y Japón dio lugar al budismo zen, la forma más conocida y divulgada en Occidente. La otra forma cuya principal y más destacada tendencia recibe el nombre de *Theravada* o «enseñanza de los mayores» se considera la más fiel al canon pali. Tuvo mayor acogida en Sri Lanka, Tailandia, y Birmania. También se la conoce como la escuela del sur.

El contacto original de Buda con los métodos y técnicas del yoga antiguo y del samkhya, la doctrina clásica del hinduismo, hace que asuma y desarrolle las técnicas contemplativas. Las dos formas de meditación más antiguas vinculada a los orígenes del budismo se llaman *Samatha* y *Vipassana*, esta última que en inglés también se suele llamar *insight meditation* es la que se fundamenta en los principios de *sati* y para que dé fruto debe ser practicada junto al séptimo factor del sendero. Por eso la mayoría de autores señalan que *mindfulness* es el núcleo principal de los contenidos de la meditación Vipassana; y de ahí que muchas veces los términos *mindfulness* y meditación *mindfulness* se confundan para indicar lo mismo. Nosotros aquí las vamos a distinguir. Según Claudio Naranjo, la práctica del método Vipassana, aunque descrita en los libros budistas, fue aparentemente olvidada hasta el pasado siglo, cuando el monje Mahsi Sayadaw, de Birmania, lo redescubrió y enseñó de nuevo.

> Podemos decir que por su origen primitivo y esencial *mindfulness* o la atención plena constituyen el corazón de una de formas más antiguas de meditación que existen en el mundo.

Pero sigamos con la historia. A finales del siglo XIX tiene lugar la ordenación de los primeros monjes occidentales, y en 1893, en el parlamento de las religiones celebrado en Chicago, se introduce de lleno el budismo en los Estados Unidos. A principios del siglo XX se crean las primeras sociedades budistas en Europa. En 1924 tiene lugar la creación en Londres de la importante Sociedad Budista por Christmas Humphreys, y en 1933 tiene lugar el primer congreso europeo en Berlín. Sin embargo la Primera Guerra Mundial, pero en especial la crisis social y económica, la gran depresión entre ambas guerras mundiales que vivió todo el mundo, fue un severo obstáculo para la propagación de las ideas. Muchas de las corrientes nacidas en el siglo XIX quedaron relegadas al olvido o desaparecieron por completo. Cuando Occidente se empezó a recuperar de los graves efectos de la Segunda Guerra Mundial, volvió a renacer en el pensamiento Occidental el interés por el budismo y las tradiciones orientales. Recordemos libros muy significativos como *Zen en el arte de tiro con arco* de Eugen Herrigel, *Psicoanálisis y Budismo Zen* de Erich Fromm y Daisetsu Teitaro Suzuki, o *Psicoterapia del Este y del Oeste* de Allan Watts.

A finales de los años cincuenta y a lo largo de los años sesenta, la meditación budista, y en particular la zen, empieza a ser muy valorada en círculos académicos. Llama la atención de eminentes pensadores como Karl Jung, quien se refirió a ella en sus escritos, y filósofos como Martin Heidegger. También de psicoanalistas destacados de entonces, como Roberto Assagioli o Erich Fromm, que se interesaron por las relaciones entre la meditación budista y el psicoanálisis como una vía para alcanzar al subconsciente; también por sus posibilidades en psicoterapia, anticipándose al presente actual. Ya entonces se puso el énfasis en ideas tales como la conciencia centrada en el presente, la espontaneidad y la aceptación, entre otros conceptos que encajaban bien con algunas de las teorías del psicoanálisis; digamos además que esa orientación al crecimiento y la evolución hizo que también fuera mirado con simpatía por existencialistas y humanistas de la psicología y del pensamiento.

En los años sesenta y setenta explota el interés por la cultura oriental, hay un auténtico *boom*. Además de pensadores, escritores, filósofos, psicólogos y religiosos occidentales que se interesan por las religiones orientales, sus prácticas llegan a todo el mundo; se popularizaron en Occidente a todos los niveles: yoga, relajación, artes marciales, acupuntura, etc. que se enseñan y aplican por doquier. Y también la meditación, la hermana pequeña de todas ellas, llega al gran público. Pero… la irrupción fue algo desordenada. Llega todo mezclado. Pensemos que cada una de esas prácticas tiene su propia metodología, y que su conocimiento siempre se había transmitido de maestro a discípulo, de boca en boca. Este es un punto interesante, y un motivo por el que la meditación tardó en conocerse a fondo.

Pero hubo más hechos que retardaron su estudio serio. La publicación de libros como *El tercer ojo* de Lobsang Rampa, seudónimo del escritor ingles Cyril H. Hoskin, y otros por el estilo mezclando ocultismo, religión, fenómenos parapsicológicos, no ayudaron a aclarar las cosas. Para acabar de complicarlas aun más, al mismo tiempo reaparecen en escena el hipnotismo y la parapsicología con mucha fuerza, que provocaron un sinfín de confusiones, mezclando los conceptos al hablar de unas y otras cosas. Basta mirar revistas o publicaciones de aquellos años, donde por ejemplo se equiparaba hipnosis con meditación, o se consideraba esta última un método para adivinar el futuro o facilitar la telepatía. Ahora nos puede parecer divertido, pero entonces había gente que se lo tomaba en serio. En esa época se habló mucho de los llamados «estados alterados de conciencia», un concepto psicológico que se hizo popular y algunos, de manera poco ortodoxa, lo consideraron útil para ensanchar las fronteras del conocimiento. En algunos ambientes se asoció al uso de fármacos o drogas para lograrlo. Ahora, quizás no nos acordemos pero entonces se escribió mucho sobre los chamanes y el uso de esas substancias, de la mano de movimientos alternativos y contraculturales, comparando unas cosas y otras. No es de extrañar que sobre la meditación se hayan tejido falsas ideas.

Por suerte la situación se enderezó cuando muchos occidentales se interesaron más a fondo por la cultura oriental. Atraídos por los ashrams o por los maestros religiosos, al igual que hicieron artistas, cantantes o personajes famosos cuyas fotos junto a gurús fueron portada de las revistas del corazón, supieron comprender el significado del camino de la meditación. Y a la inversa, maestros orientales se trasladaron por Europa y Estados Unidos. Entre unos y otros explicaron qué era la meditación, en un lenguaje entendible para el público en general y el académico en particular. Por fin los investigadores descubrieron que la meditación provoca una expansión de la conciencia con efectos muy positivos. Y cuando fueron capaces de medir objetivamente las reacciones cerebrales por medio de electroencefalogramas, la meditación se empezó a estudiar y por fin su aplicación a la psicoterapia. Los primeros estudios descubrieron que los practicantes experimentados de la meditación yóguica o trascendental eran capaces de permanecer más tiempo concentrados que los que no lo eran; y que los practicantes de la meditación Zen y Vipassana se tornaban muy conscientes de su ambiente, calmados y sin sufrir ninguna distracción; estudios pioneros que ahora se han perfeccionado usando las más modernas técnicas de exploración neurológica.

La atención plena, al igual que las otras formas de meditación, por fin merecieron ser considerados con toda seriedad. Empezaron a ser objeto de análisis por la investigación experimental hacia finales de los años setenta, cuando se hicieron los primeros esfuerzos para incorporarla en las psicoterapias. Además, aparecieron libros como *El poder de la atención mental* (*The Power of Mindfulness, 1972*) del monje de origen alemán, Nyanaponika Thera y *El milagro del Mindfulness* (*The Miracle of Mindfulness*.1976) del monje vietnamita Thich Nan Hanh, entre otros, que ayudaron a entenderla. En el año 1979 el doctor Jon Kabat Zinn, una de las personas que más ha escrito y divulgado sobre esta idea, en la clínica del centro médico de la Universidad de Massachusetts, crea un programa para la reducción del estrés basado en *mindfulness* (PRER o MBSR en inglés); un programa que todavía perdura, por el que han pasado miles de personas de todos los ámbitos de la sociedad, que ha servido de ejemplo para otros programas similares.

El salto cualitativo importante se produce con la aparición en psicología de lo que se denominan «terapias de tercera generación de la conducta», en los años noventa. *Mindfulness* se incorpora a las mismas porque se integra muy bien con ellas, por la visión integral de la persona y el universo que la rodea; constituye además una herramienta de ayuda para las personas con problemas psíquicos. Además de la citada de Kabat Zinn, cabe destacar otras más, la terapia cognitiva basada en *mindfulness* (MBCT) creada por Z. Segal, M. Williams y J. Teasdale, la terapia dialéctica conductual (DBT) de M. Linehan y la terapia de aceptación y compromiso (ACT) de S. Hayes, K.Strosahl y K. Wilson.

A partir de ese momento se disparan los estudios científicos, la publicación de libros y artículos en revistas de todos los géneros, como *Time* y otras, y se analizan a fondo los efectos que la meditación basada en *mindfulness* o la atención consciente y plena tiene en las personas. Hoy en día, tanto en Estados Unidos como en Europa, proliferan los centros dedicados a su investigación y aplicación, y las publicaciones donde se reseñan los beneficios de su práctica. Merece la pena que le dediquemos algo de tiempo para conocerla.

A la vez que la psicología clínica, la social también se intereso por *mindfulness*. La doctora Ellen Langer, profesora de psicología en la universidad de Harvard, en su libro *Mindfulness*, a finales de los años ochenta, introdujo otra idea relacionada con un proceso psicológico, un proceso cognitivo que implica tener una mentalidad abierta a lo nuevo o a más de un enfoque, frente al concepto de «mindlessness» que vendría a indicar lo contrario. Hay muchos estudios relacionados con esta otra interpretación que se han ido desarrollando desde entonces, en paralelo a los citados, pero que no son el objeto de este libro. Eso nos da una idea de la amplitud conceptual que tiene.

> Este breve apunte histórico nos sitúa en el origen y evolución de lo que es la atención plena o *Mindfulness*. Podemos decir que tiene dos componentes básicos, por un lado, una forma de meditar por su origen budista y vinculado a la tradición Vipassana, y por otro la atención y presencia mental en aquello que uno hace, un estado o actitud vital.

La meditación

La meditación es el núcleo principal de lo que significa la atención plena. Por tanto, primero vamos a hablar un poco sobre ella, de su significado y de las varias maneras de meditar que el ser humano ha creado. ¿Qué es meditar? ¿Qué sentido tiene meditar hoy en día en pleno siglo XXI?

Falsas ideas

Todavía cuando se menciona la palabra *meditación* en Occidente causa un cierto reparo, sigue teniendo un poco de mala fama. Se relaciona con el movimiento hippie. ¿Por qué? Hemos visto que cuando su idea empezó a difundirse fue de la mano de otras que se asociaron de manera equivocada. Estos falsos conceptos aún perduran en la memoria colectiva de bastante gente. El cine y los medios de comunicación no han sido ajenos a esa falsa imagen. Algunas películas reflejan esa idea exótica y distorsionada, cuando no la ridiculizan directamente. Podríamos citar más de una en la que los monasterios tibetanos son el lugar donde suceden los mas variados conjuros, hechizos o las y mil y una maravillas.

No es de extrañar que mucha gente aún crea que es un producto de importación oriental. Es verdad que años atrás hubo algunos yoguis o gurús famosos, que se hicieron muy populares y conocidos, con controversia incluida como Osho o el yogui Maharishi, y que contribuyeron a ese enredo. Pero se olvida que también ha existido en Occidente. La palabra *meditación* viene del latín *meditare* (literalmente *mediar*) y se ha cultivado en nuestra tradición cristiana. Por ejemplo, San Ignacio de Loyola da indicaciones detalladas en sus escritos sobre los ejercicios espirituales de una meditación intuitiva o transobjetiva, como puede ser calificada; forma que no se suele emplear tan a fondo en los mismos como la objetiva o discursiva, más bien en el sentido de una argumentación razonada basada en la escucha y la reflexión. Pero el hecho de que no predomine no quiere decir que no exista, como bien indican los estudiosos. Es verdad que los sistemas o modos de hacer son formalmente diferentes a los orientales, pero en su esencia son lo mismo, aunque a veces reciba otros nombres.

> La meditación es un fenómeno universal, se ha dado en todos los lugares y en todas las épocas.

Otra creencia falsa es que se trata de una práctica religiosa más; y la imagen que nos viene en seguida a la cabeza es la de los monasterios de clausura entregados al rezo y al silencio, incluida la de los monjes tibetanos mientras entonan sonidos guturales profundos. Pero también hay meditadores agnósticos o ateos, o que no siguen ninguna religión formal. No obstante, una gran mayoría de sus practicantes sí que lo son y a través de la meditación encuentran un sentido más personal y profundo a los ritos convencionales. Por tanto, aunque vinculada en su origen a las religiones, practicar la meditación en cualquiera de sus formas no nos convierte en un fiel religioso, como tampoco practicar la atención plena no nos convierte en creyente budista.

Descartemos también que haya algún tipo de relación fantástica con el ocultismo. O que el objetivo de su práctica sea conseguir facultades psíquicas o paranormales, o tener visiones o poderes mágicos. No nos dejemos seducir por esta idea, que no es cierta. Puede que nos digan que hay algunos formalismos externos o rituales parecidos, como posturas determinadas o algunas técnicas respiratorias rituales o cánticos, que algunos han sacado fuera de contexto. O que veamos en la televisión personajes que lo mezclan todo para su provecho personal. No confundamos el fondo con la forma; una cosa es el ritual, que varía con la cultura, la sociedad y su evolución, y otra el significado e intención profundos.

Por último y no lo menos importante, tampoco es el objetivo de la meditación la pasividad, la quietud o el extatismo, que tal vez vayan asociadas a ciertas actitudes contemplativas en los místicos o eremitas que viven aislados del mundo. No es este el fin que persigue la meditación. Y menos la meditación que expondremos después, que lo que pretende es que vivamos la vida en toda su intensidad y plenitud, que vivamos lo que hacemos en cada instante y en cada momento; que nos sintamos vivos, activos, capaces de acometer el día a día con vigor, con entusiasmo, con alegría, con optimismo.

MEDITACIÓN EN EL SIGLO XXI

Si aún no estamos convencidos de la importancia de la meditación, recordemos que sus formas seculares han atraído con fuerza el interés de los investigadores, psicólogos, psiquiatras o neurólogos, y cada vez hay más centros de salud, hospitales, clínicas, que la han incorporado a una gran variedad de programas terapéuticos. La meditación ha ganado su completa aprobación en la llamada medicina integral por su unificación de cuerpo y mente. Esta medicina combina la tradicional con prácticas alternativas serias, e intenta tener en cuenta todos los aspectos biológicos, psicológicos, sociales y espirituales de la persona. Los programas que aplican y que incluyen formas arraigadas en la tradición espiritual no están solo dirigidos al tratamiento de pacientes, también a todo tipo de personas de cualquier edad, género o cultura.

Esto nos debería bastar para que nos decidamos a aplicarla a nuestras vidas. Hoy en día se calcula que hay unos diez millones de personas que han hecho de la meditación su práctica diaria en Estados Unidos y Europa, y cientos de millones más en el resto del mundo. Son personas de todos los niveles sociales y culturales, médicos, escritores, científicos, profesores, taxistas, deportistas. Hace más de 5.000 años que apareció en el mundo, y como dice el conocido pensador Ken Wilber:

> «Si queremos hacer avanzar la evolución entre todos y no sólo recoger los frutos del esfuerzo de la humanidad en el pasado, si queremos contribuir a la evolución y recoger los frutos que brinda, si queremos colaborar en la superación de nuestra alienación espiritual y no simplemente perpetuarla, entonces la meditación, o alguna otra práctica parecida realmente contemplativa, se convierte en un imperativo ético absoluto, en un imperativo categórico nuevo».

Pero ¿qué quiere decir *meditar*? Conceptualmente abarca muchas doctrinas, opiniones, expresiones e ideas. Pero podemos decir que la meditación constituye una

- experiencia de desarrollo personal,
- asociada a una práctica o entrenamiento característicos,
- que induce cambios graduales en el organismo, mentales y físicos,
- y está voluntariamente dirigida.

Esta definición es muy amplia, pero tiene las claves para entenderla. Primero, cada persona desarrolla su propia experiencia; esto es importante, ya que cuando se lleva un tiempo meditando al final se acaba convirtiendo en algo muy personal, muy propio de cada uno. El camino de cada uno será muy diferente al de otra persona, aunque ambos sigan al mismo maestro y hagan la misma práctica. Esto no debe extrañarnos ya que es propio de nuestra naturaleza humana y de la subjetividad de las experiencias internas. Segundo, hay un método que sirve de base, y que tiene una cualidad específica, por ejemplo, una palabra, un rezo, una sensación, un movimiento, la respiración, y otros rasgos que nos permitirán agruparlas por las similitudes; la metodología suele inducir concentración mental, característica ineludible para que sea exitosa. Tercero, lleva a unos progresivos estados del organismo mejores, en general más relajados, tanto física como mentalmente, y también de sosiego. Es también característico el *vacío* o silencio mental, distanciamiento que se consigue al cabo de un tiempo de práctica, y que es complejo de comprender por el ejercitante en sus primeras etapas, hasta que no se experimenta a fondo. Y cuarto, se hace con plena conciencia y voluntad, no se induce o provoca por medios externos del tipo que sean; así quedan descartadas la hipnosis o las experiencias producidas por la ingesta de fármacos u otras substancias. En cambio se puede realizar en grupo o con un instructor que guíe o aconseje.

Esta descripción de la meditación es el concepto que usaremos a partir de ahora en todo el libro. El caso de la meditación basada en la atención plena es el ejemplo más ilustrativo y sencillo de cómo encaja en este concepto. Tiene los cuatro ingredientes señalados, lo que veremos de modo más evidente en los ejercicios del capítulo siguiente. Los principales cambios los notaremos cuando alcancemos un estado de autoobservación de la actividad interna y externa basada en las sensaciones.

La meditación es una búsqueda
a través de nosotros mismos.

La meditación no es exclusiva de la fe religiosa, ni tiene porque basarse en la certeza de la trascendencia. En su origen, sí que está muy relacionada con las ideas y creencias religiosas, en cuyo seno ha existido siempre. Por eso la distinguiremos de la oración meditativa, en la que se busca primordialmente la comunicación con la divinidad. Señalemos que también se habla de oración mental, con unas características formales en muchos casos similares a las formas de meditación tradicionales; de hecho, en muchos casos, se llegan a confundir o unificar para lograr experiencias más profundas. Mencionemos otros conceptos como la *oración contemplativa*, que no es lo mismo que la contemplación, aunque puedan ir de la mano; esta puede tener fines religiosos o estar desvinculada de ellos. Existen también las llamadas uniones místicas, formas sublimes de ascetismo, que hay que distinguirlas de las anteriores. Todos estos términos son complejos de definir y no lo vamos a hacer, solo apuntamos las múltiples facetas que tiene la fenomenología humana asociada a este tipo de prácticas.

La meditación es un medio para conocernos a nosotros mismos, para aproximarnos a nuestra auténtica naturaleza, para ser nosotros mismos y al mismo tiempo tener conciencia del resto de seres, de la vida, la naturaleza y el Universo.

FORMAS DE MEDITACIÓN

Algo tan universal y antiguo debe tener muchas manifestaciones. Y así es. Hay gran variedad de prácticas. Entre los autores y pensadores no hay consenso entre lo que debe y no debe ser considerado meditación. Pero como su estudio serio, en especial de cara a la aplicación clínica, hace tiempo que se inició, los investigadores han buscado la forma de clasificar de alguna manera los sistemas que existen. Por suerte se acumulan los estudios que de una manera u otra han intentado tipificar, diferenciar y caracterizar los métodos y escuelas que existen. Un ejemplo de ello lo tenemos en uno muy completo de la Universidad de Alberta en Canadá, hecho en su centro de prácticas basado en la evidencia (EPC), de acceso libre en internet en la página de la agencia americana AGHC. Los autores han repasado y resumido mucha de la literatura científica publicada en el ámbito de la investigación para comprobar los efectos de la meditación en la salud de las personas. Al hacer un estudio de este tipo hay que definir bien el método seguido y la manera de analizar y resumir los resultados, de esta manera cualquier investigador puede repetir y verificar la bondad de los mismos. La clasificación que han hecho se basa en las prácticas que son mayoritarias. Es normal en este tipo de estudios que se intente buscar muestras grandes de personas para examinar lo que se llama el universo de la muestra, así se evitan deformaciones en la interpretación de los resultados, en los que se puede caer usando pocos individuos.

Veamos cómo podemos agrupar los diferentes sistemas:

> Centrados en un **mantram** o **rezo**: Son aquellas prácticas que consisten en la repetición de una

palabra, una frase o un rezo, en voz alta o en silencio. La famosa meditación trascendental que tanto se difundió allá por los años setenta es de este tipo. El mantram más conocido quizás sea la palabra *Om* o *Aum*, o la frase *Om mani padme om*, muy significativas en el budismo tibetano. O la que utilizaba Mahatma Gandhi, *Rama*, que fue lo último que dijo al caer asesinado, que es uno de los nombres de Dios en el hinduismo. Y como no *Hare Khrisna*, popularizada en Occidente por el movimiento del mismo nombre. Como señala Eknath Easwaran puede servir cualquier palabra que tenga especial significado para nosotros. Para los cristianos puede servir «Jesús», o cualquier otra jaculatoria. ¿El rezo del rosario puede ser también considerado dentro de esta categoría? En principio sí, si se hace en solitario y en recogimiento. ¿Por qué no? No nos debe causar ninguna extrañeza estas comparaciones que podemos encontrar en todas las religiones.

Algunas formas más modernas como la meditación Acem creada por D. Holen, la Anada Marga de P. Ranjan Sarkar, o métodos de relajación y sugestión, como el de Coué o el de Cayce, pueden considerarse dentro de este grupo. Estas formas fueron de las primeras que se llevaron a las terapias y a la medicina, con la idea de incorporarla a los tratamientos clínicos. Así se crearon la técnica llamada «Relaxation Response» (RR) o relajación inducida, por el cardiólogo H. Benson, que se usa para profundizar en los estados de relajación; y la técnica CSM (Clinically Standardized Meditation) meditación clínica ideada por Patricia Carrington.

Tradición budista. Podríamos decir que son todos los sistemas dirigidos a la mirada interna derivados de las diferentes formas de budismo. Las principales son: la *Vipassana*, *Mindfulness* y la *Zen* o *Zazen*; esta incluye a las dos escuelas básicas, la *Rinzai* y la *Soto*, creadas en el siglo XII y ampliamente divulgadas en Occidente.

Como hemos dicho, el psicoanálisis se interesó desde muy temprano por el zen y por sus posibles aplicaciones terapéuticas. Pero sin duda el hecho relevante corresponde a la aplicación de *mindfulness* a las terapias. Primero por el ya mencionado programa creado en el año 1979 por el doctor Kabat Zinn; ideado para la reducción del estrés y para integrar la meditación en la medicina y en la psicología es sin duda uno de los más referenciados en todos los textos y estudios. En los años noventa se crea también la terapia cognitiva basada en *mindfulness* (MBCT) basada en la anterior, para tratar clínicamente a pacientes con depresión.

Derivados de los diferentes **tipos de Yoga**. Esta antiquísima filosofía y práctica se remonta miles de años atrás. Su texto más antiguo y conocido son los llamados *Yoga Sutras,* una recopilación de pensamientos hecho por Patanjali. La parte popular son las posturas o asanas, por eso el Hatha Yoga es quizás la más conocida. Pero son solo una parte de la compleja y amplia sabiduría que contiene. Hay cuatro principios básicos además de asana: pranayama (respiración), shavasana (relajación), sattvic (alimentación), y dhyana (meditación). Tratar de mencionar las diferentes escuelas y ramificaciones superaría el objeto de este libro. Pero digamos que en esencia constituye un estilo de vida, del que es difícil separar cada uno de los elementos.

Quizás las formas más clásicas y divulgadas de meditación sean las relacionadas con la Kundalini, Sahaj y Hatha Yogas. Tienen en cuenta las posturas, la respiración y la concentración. Por eso la meditación yóguica puede ser tipificada en general como absortiva, aunque luego cada una de las diferentes formas resalta sus propios aspectos. Parte importante es el arte de la respiración del yoga, *pranayama*. Existen múltiples maneras de ejercitarla, pero hay que destacar que está más enfocado a controlarla o dirigirla que a observarla, a diferencia de la meditación plena. Ese enfoque de gobierno tiene interesantes aplicaciones prácticas. Muchas de las técnicas de relajación y sugestión que conocemos así como la mayor parte de los programas clínicos de tratamiento toman como referencia directa o indirecta al Yoga.

Basados en el **Tai Chi y el Qi Gong**. El Tai Chi, denominación que se escribe de varias formas, es una práctica china antiquísima. Tiene cinco grandes escuelas, cada una con sus estilos, posturas, orden y diferente dificultad de ejecución, pero tie-

> nen en común, la relajación, la concentración y la coordinación de los movimientos. La meditación basada en el Tai Chi es la «meditación en movimiento» por excelencia, con sus secuencias y repeticiones en las que la concentración y la respiración la acompañan de un modo natural.
>
> El Qi Gong, base de la medicina tradicional china, está íntimamente relacionado con el Tai Chi. La diferencia es que este último se enfoca más en el resultado del movimiento y deriva en una arte marcial como es bien conocido; en cambio el Qi Gong se enfoca en la energía fluyente o «qi», por eso también incluye el Reiki y practicas coreanas. También hay muchas escuelas y formas diferentes de practicarlas.

Esta claro que faltan algunas más. Daniel Goleman resalta en especial: el cuarto camino de Gurdjieff, la concien cia sin elección de Krishnamurti, la Cábala judía, el sufismo y el hesicasmo cristiano, y nos advierte: «En este nivel tan universal, todos los sistemas de meditación son variaciones de un proceso único para la transformación de la conciencia. Los elementos centrales de este proceso se encuentran en todos los sistemas».

Como hemos indicado, no podemos hablar de formalizaciones exactas en todos los casos, ya que el conocimiento se ha transmitido oralmente, y por tanto ha evolucionado a través de las personas, no en las universidades o en escuelas de pensamiento. Encontramos un componente humano muy importante, en la individualización. No es que cada ejercitante realice cosas diferentes sino que la propia dinámica de los ejercicios o la misma instrucción o explicación recibida de otro más experimentado lleva consigo un alto grado de personalización que es difícil de sintetizar o resumir, a veces con una componente de inefabilidad sobre todo al explicar las experiencias vividas por cada persona. Por eso será difícil encontrar dos instructores que enseñen lo mismo, aunque hayan recibido su formación de la misma fuente. Esto se puede extender a toda la meditación. Existirán diferencias en cuanto a la forma, el lenguaje y los conceptos usados. No se trata de la particularidad del instructor, o del dicho «cada maestrillo tiene su librillo» hecho que sucede en todas las carreras o profesiones, va implícito a la propia metodología en sí asociada a la meditación.

¿Qué tiene de diferente la atención plena respecto de las otras prácticas?

La meditación Vipassana, que también se conoce en castellano como conocimiento intuitivo o visión cabal, está considerada por algunos la que practicaba el mismo Buda, hace 2.500 años. Es por tanto una de las más antiguas. *Mindfulness* o la meditación basada en la atención plena, es su corazón, su pieza fundamental. Muchas veces se consideran lo mismo. Según Daniel Goleman, «cuando se desarrolla sistemáticamente en la práctica Vipassana (ver las cosas como son), esa atención se convierte en la avenida que conduce al nirvana. En la práctica diaria, el sostenimiento de esta atención conduce a la indiferencia del meditador».

En relación a las escrituras primitivas, como indica Claudio Naranjo, el meditador «debe percibir tres características de la existencia: *anica* (impermanencia), *dikkha* (sufrimiento e insuficiencia) y *anatta* (impersonalidad); pero esta percepción no será el resultado del pensamiento discursivo, sino de la observación directa de la experiencia». Por esto se intenta que los ejercitantes sean conscientes de sí mismos desde el primer momento, de aquello que les acontece, de sus percepciones y de sus pensamientos, sin sentirse implicados en ellos. Se les requiere una actitud de no esperar nada, de aceptación, de observación, de no juzgar, de evitar discernimientos mientras se ejercita la observación del cuerpo y de la mente, pero sin una experiencia de absorción o racionalidad, sino todo lo contrario, de plena sensación o intuición. Digamos que esta es una diferencia básica respecto a otras prácticas más comunes y conocidas, en las que se insiste en un elevado grado de concentración de modo que los más expertos pueden aislarse de sus percepciones sensoriales, y por ejemplo, ser insensibles a sonidos externos como el ladrido de un perro, el ruido del tráfico u otras percepciones como pequeños dolores. En cambio, cuando practicamos la atención plena nos abrimos a las sensaciones, a las percepciones que nos llegan, observándolas tal cual son. Así, si nos llega al oído el sonido de una sirena, de una ambulancia o de un coche de la policía lo único que hacemos es registrar la audición del mismo y la sensación pasa, lo mismo con un dolor o molestias pequeñas y cualquier otra percepción. Están ahí, los vemos aparecer y desvanecerse sin más. Sucede igual con los pensamientos y deseos. Nos convertimos en meros espectadores; luego veremos cómo practicarlo en el siguiente capítulo. Es posible que nos parezca un contrasentido, pero no lo es. Cuando uno consigue hacerse plenamente consciente de sus sentidos, alcanza los mismos logros que si trata de desconectar del todo. Los sofisticados experimentos que se están realizando utilizando las más avanzadas tecnologías de estudio cerebral en los ejecutantes de meditación tal vez nos desvelen la causa de esta aparente paradoja.

En la meditación Vipassana y en la meditación *mindfulness* no se tienen en cuenta detalles que podríamos calificar de más «difíciles», como sucede en la mayoría de las otras disciplinas. Por ejemplo, no hay necesidad de aprender a sentarse de una forma concreta, como en la posición de loto, una postura muy empleada en casi todas las formas de meditación yóguicas o budistas y que dicho sea de paso tanto nos cuesta de aprender a los occidentales; la insistencia en la misma de algunas escuelas dificulta el aprendizaje de la meditación en muchas personas. Tampoco es preciso relajarse previamente para practicarla, ni tampoco buscar un vacío mental o una concentración, ni usar ropas o vestidos especiales, ni realizar movimientos específicos, ni nada parecido.

Vale la pena insistir en que es una de las más sencillas conceptualmente, a diferencia de algunas de las otras formas que requieren mayor experiencia y una guía adecuada, sobre todo en su inicio.

Señalemos dos puntos muy destacables:

1. Los ejercicios integran muy bien cuerpo y mente. Requiere que la atención se aplique en ambos, no solo a nivel mental. Combina así los dos aspectos fundamentales de la persona.

2. Se aplica directamente a la vida cotidiana del ejercitante. Esto es esencial. Uno de los aspectos que más se pueden criticar de algunas de las formas de meditación es que corren el peligro de conducir a las personas a un alejamiento de su cotidianeidad, de su día a día. Esto sucede en ciertos excesos iniciales a que se induce a los ejercitantes en algunos casos.

Cualquier persona puede entender y aplicar sus reglas y ejercicios, con o sin formación, sea cual sea su condición social o cultural o su edad. Tienen una característica de sencillez y universalidad. Lo interesante de la atención plena es que desde el primer momento se aplica a las experiencias reales en las que nos desenvolvemos cada día. Tiene por tanto los aspectos adecuados para que lo adaptemos a nuestra forma de vida occidental. Característica nada desdeñable y que debe ser tenida en cuenta.

CONSECUENCIAS DE LA MEDITACIÓN

La atención plena busca afrontar la vida con un dinamismo activo y positivo, y acercarse a la realidad cotidiana, a la vida y a las personas tal como son. La atención plena genera dos procesos claves en la personalidad: **descubrimiento** y **transformación**. El primero supone una revelación, al estilo religioso, con un componente vivencial importante; y el segundo se manifiesta como resultado del conocimiento y comprensión propios. Ambas orientaciones tienen como resultado un control de la propia vida sobre una visión totalmente nueva y diferente. Nueva porque supone un cambio con lo anterior. Y diferente porque nace de uno, sale de uno, no proviene de normas externas ni ajenas, más bien está exento de ellas.

Naturalmente no quiere decir que sea exclusivo de la meditación atención plena llegar a ambos estados o procesos; se puede lograr con cualquiera de las otras formas, como bien sabrán quienes llevan años de práctica en los yogas tradicionales, con el tai-chi, o las diferentes clases de meditación budista, la zen o la tibetana. Pero tampoco es exclusivo de la meditación. Habrá personas que solo hayan practicado la relajación o dinámicas similares, que también podrán describir estados parecidos. Hay excelentes métodos de relajación y sugestión basados en principios psicológicos y de conducta muy sencillos de aplicar, que pueden ser la mar de útiles si están bien dirigidos y que llevan a los mismos resultados.

A la hora de analizar las experiencias, las conclusiones del mencionado estudio dicen que aún es prematuro afirmar con certeza que la meditación tiene efectos directos en el organismo. Las dificultades a la hora de contrastar los resultados es el mayor impedimento que tienen los investigadores, aunque confían en el buen fin de trabajos futuros. No nos extrañemos de que haya dificultades para esa fiabilidad ya que entre los ejercitantes de las diversas disciplinas, cuando ponen en común los efectos que han producido sobre su personalidad, existe un cierto grado de inefabilidad, es decir, que se hace difícil explicarlo con palabras, a pesar de que coincidan aparentemente. Sin embargo, algunos estudios de menor calibre sí que detectan consecuencias y mejoras en variables como la presión arterial, o en la reducción de síntomas relacionados con el estrés y la ansiedad en los ejercitantes que se someten a su práctica. Pero insistimos, aunque a nivel científico hay que seguir con las pruebas hasta conseguir un cierto grado de certeza como es menester, hay suficientes indicios para creer en los beneficios directos en el organismo de las diferentes formas de meditación.

Como colofón digamos que no hay nada en exclusividad en el saber humano. Hay personas que sin haber practicado nunca ni la meditación, ni la relajación, ni dinámicas orientales u occidentales de las que hemos comentado, han llegado a vivir las mismas o similares experiencias que las que consiguen los ejercitantes experimentados. Los caminos son muchos. Por ejemplo, habrá personas que hayan llegado a vivir estados similares a través de una profunda reflexión personal, es el caso de filósofos, pensadores o escritores; o llevando una vida plena entregada a los demás, como es el caso de personas de diferentes credos; o bien desplegando solo una actividad positiva de manera sencilla y natural, es el caso de muchas personas como las que viven con afán por conseguir un sueño o una meta de superación personal. A fin de cuentas ¿no reside en el interior del ser humano esa capacidad transformadora desde el inicio de su andadura en la tierra?

Capturar el presente

Vivir en el presente, resaltar la importancia del tiempo presente es una idea que de una u otra manera está en todas las antiguas tradiciones. ¿Qué quiere decir exactamente? Vamos a poner un ejemplo bastante ilustrativo que aparece en el budismo zen, en los Koan. Se llaman así a breves relatos o diálogos que condensan de modo sintetizado, a veces en forma de preguntas y respuestas o en forma de planteamientos incomprensibles de un maestro a un discípulo, las enseñanzas principales de la tradición. Así, D.T. Suzuki en su libro, *Introducción al budismo Zen*, cuenta el siguiente relato:

«En cierta ocasión se le preguntó a un gran maestro:

> —¿Haces tú ininterrumpidamente esfuerzos por ejercitarte en la verdad?
> —Ciertamente los hago
> —¿Cómo te conduces?
> —Si tengo hambre, como; si me hallo cansado, descanso o me acuesto un rato.
> —Esto lo hace todo el mundo. ¿Se puede decir, pues, de cualquiera que se comporta o ejercita como tú?
> —No
> —¿Por qué no?
> —Porque los demás, cuando comen, no comen, sino que andan dando vueltas a los más diversos asuntos, dejándose molestar por ellos; si duermen en realidad no es dormir lo que hacen, sino soñar en un sinfín de cosas.»

La primera impresión al leer esta fábula es la de una aparente contradicción. Y así debe ser porque la paradoja es típica de estos relatos. Al mismo tiempo nos apunta a la solución de la misma que no es más que vivir el aquí y el ahora en todo lo que hacemos. Para nosotros, educados en una tradición más racional o cartesiana, el hecho del aquí y el ahora, el hecho del momento presente en sentido profundo, no tiene el valor apreciable que debería tener. Pensemos que nos proyectamos para el futuro. Estudiamos para el día de mañana, «para ser personas de provecho». Trabajamos, actuamos para conseguir *algo*, una buena posición, un buen estatus social, unos bienes materiales. Ahorramos para tener posesiones, para tener bienes que nos sirvan más adelante. Este es un estereotipo de nuestra educación porque forma parte de nuestra tradición cultural y social. Lo que nos plantea este principio de la atención plena es cambiar nuestro sistema de referencia habitual, es un giro de coordenadas en la orientación de nuestra conciencia. Para nosotros, nuestras metas están en el futuro, no el ahora, como nos recuerda Eckhart Tolle, en su conocido libro *El poder del ahora*. ¿No tendríamos que cambiar esa orientación?

Con ello no queremos decir que estemos en contra o haya que dejar nuestra racionalidad y lógica ya que forman parte de nuestro acervo, ni queremos inducir con ello a la despreocupación ni al descuido. La razón nos ha ayudado a conseguir importantes avances técnicos y científicos que han transformando la vida y la sociedad humana. Pero eso es solo uno de los propósitos que nos deben guiar. La propuesta que nos hace *mindfulness* es integrar en nuestra actividad diaria una parte de atención más simple, más concreta, más llena de vida.

La atención plena es una actitud vital. La persona que sigue esta práctica, esta activamente implicada en el momento presente, vive la vida con plena atención y sensibilidad, con plena conciencia de sus actos, de sus pensamientos, de sus emociones, es decir de todo lo que es, de todo lo que hace y también de todo lo que le rodea. Por tanto, tiene una relación directa con el instante, con el momento, con el presente. «Es el momento que existe», como señala Deepak Chopra. El espacio-tiempo de nuestro universo con sus múltiples dimensiones es una realidad física y matemática, evaluable y tangible. Sabemos, o tenemos bastantes pruebas de cómo empezó todo lo que conocemos, la astronomía nos da pistas suficientes de cómo apareció el cosmos, las galaxias, las estrellas, los planetas. Y las ciencias biológicas nos informan sobre la aparición de la vida, de las especies, de su evolución hasta llegar a los humanos. Hay pruebas de lo que sucedió, y evidencias de lo que puede acontecer. Pero el pasado y el futuro de nuestra vida personal solo existen en nuestra mente, no en otro lugar. Pensémoslo un poco. Ambos conceptos ocupan un lugar demasiado grande en nuestro pensamiento, nuestra historia y nuestro porvenir. Pero lo que está activo ahora, en nuestro organismo biológico y neuronal, está relegado al olvido. No le prestamos la debida atención. ¿Cuántas veces nos encontramos haciendo una cosa mientras nuestros pensamientos están en otro lado o en muchos lados? Por ejemplo, ahora leyendo este libro, o cuando comemos o cuando nos lavamos, cuando trabajamos o hacemos cualquier labor cotidiana.

El primer componente básico, la característica fundamental de la atención plena, consiste en mantener la atención centrada en la experiencia inmediata del presente; en ser conscientes de lo que sucede en el presente inmediato. Capturar el presente, en una palabra. Con la práctica de la atención plena, nuestro enfoque se centra en el momento presente. Como dice Kabat Zinn es «la conciencia que surge de prestar atención, de forma intencionada, a la experiencia tal y como es en el momento presente, sin juzgarla, sin evaluarla y sin reaccionar a ella». O como dice. Thich Naht Hanh, «*mindfulness* es mantener viva la conciencia en la realidad del presente». Vivir el presente, en una palabra.

En palabras del poeta uruguayo Mario Benedetti:

> «Porque cada día es un comienzo nuevo,
> porque esta es la hora y el mejor momento,
> porque no estás solo, porque yo te quiero».

UNA IDEA UNIVERSAL

Es verdad que no se trata de una idea exclusivamente del budismo. En las tradiciones contemplativas cristianas también existe, de otra forma y tal vez no de un modo tan preponderante. Recordemos el concepto de *Nepsis* en la tradición ortodoxa cristiana, que es una actitud de vigilancia del alma, del corazón, a todo lo que sucede en nosotros. En uno y otro caso, la idea principal es la búsqueda de la unión espiritual con Cristo, con el ser trascendente, principio que no existe en el budismo al ser una religión no teísta. Pero también podemos pensar en un sentido con la tan famosa expresión latina, *Carpe diem*. O también las palabras de Jesús en el evangelio de Marcos: «bástale a cada día su afán». Pero sin duda la interpretación que hace H. Saddhatissa es significativa, en el cristianismo se trata del concepto de la «Presencia de Dios». Podríamos citar a San Juan de la Cruz o Santa Teresa de Jesús, sendos referentes de nuestra tradición mística cristiana, cuando hablan de la dulce experiencia de unión del alma con todo lo creado. El mensaje de todos los místicos cristianos está alineado con la misma idea. En la propuesta de vida que hace la tradición cristiana aparece el concepto de la «Gracia de Dios». Una noción teológica que esconde un matiz más de vida, de ser, que de conocimiento. Vivir en ese estado implica estar abierto al universo, a la vida, a la sensibilidad que nos rodea, ya que la magnitud del Creador se manifiesta a través de lo creado. No es estar ausente del mundo, ajeno al mundo, sino implicarse en él, en los actos diarios. Es encontrar al Ser Supremo en la naturaleza, en las cosas pequeñas, en los eventos del día a día. Esta vía nos conduce al mismo tiempo a encontrarnos a nosotros mismos. Buscar la gracia divina, vivir en gracia, es en el fondo lo mismo, el mismo mensaje de la presencia que encontramos en la atención plena solo que dicho con otras palabras y en otro contexto diferente.

Vemos que en realidad *mindfulness* no es algo tan distante ni extraño, es una idea que tenemos muy cerca. También es algo que todos nosotros hemos experimentado en numerosas ocasiones de nuestra vida cotidiana sin haber sido conocedores del hecho. Sucede cuando somos conscientes de lo que estamos haciendo, bien porque nos encanta o nos apasiona. Cuando estamos entusiasmados por una idea, objeto o persona, y lo que hacemos, pensamos o sentimos gira a su alrededor viviendo en un cúmulo de sensaciones. Es la vivencia del artista cuya interpretación nos arrastra en una audición musical por las inmensas impresiones que nos llegan, por los sonidos y efectos que percibimos; o lo que transmite un creador cuando habla de su obra con entusiasmo arrollador; o la emoción de la persona que cultiva un *hobby* o una afición cuando habla o se explica sobre ella, o la de la que se deja llevar por su vocación desinteresada hacia un trabajo, misión o hacia un grupo o personas; o simplemente de un modo natural encontrando satisfacción plena en el trabajo, en aquello que uno hace o a lo que se dedica. ¿No hemos comentado alguna vez hablando de un amigo o de un conocido que «se transforma en otra persona cuando hace esto o aquello»? Ese cambio positivo es precisamente lo que buscamos, ese actuar con plenitud, siendo abierto, consciente de lo que nos rodea de un modo diferente, y que produce en nosotros un gozo pleno. Pensemos si no vale la pena prolongar ese sentimiento, esa situación a voluntad al resto de nuestra vida, sin límites de tiempo.

Observación de Uno Mismo

En cada momento alrededor nuestro hay una serie de estímulos internos y externos que entran y salen de nuestra realidad. La atención plena consiste también en prestar atención, en observar lo que pasa por delante, lo que percibimos ahora mismo, en el momento presente. Este detalle tiene su importancia, es el Ahora, no en el antes ni el después, no es lo que pasó o las fantasías del futuro. Eso implica como dice Kabat-Zinn en su libro, de título muy significativo *Mindfulness en la vida cotidiana: donde quiera que vayas, ahí estás,* mantener «una conciencia ecuánime cada momento».

Este matiz del Ahora se vincula con el Aquí. Es justo en ese punto donde enlazamos la presencia con la observación de la realidad del espacio, del mundo, del ambiente que nos rodea y como no, de nosotros mismos. Así, ese sentirnos presentes, esa presencia se traslada a toda la realidad externa con la que interaccionamos, con la que nos vemos implicados; que tiene como consecuencia los actos y acciones normales: hablar, moverse, comer, respirar, trabajar, los pequeños actos naturales de cada día, que nos suelen pasar desapercibidos porque nuestra mente «está en otro sitio», o bien porque los hemos hecho tantas veces que los hacemos de manera automática mientras pensamos en nuestras preocupaciones. El sentirnos presentes y comulgar con nosotros así como con la realidad externa, con todo lo bello y profundo que eso tiene, nos conduce a algo que conlleva una posición de «distanciamiento». Puede parecer un contrasentido pero no lo es. Cuando uno observa la naturaleza que le rodea con ojos atentos y descubre la belleza que le rodea, a pesar de la distancia, experimenta una sensación de plenitud. Pero esa distancia es la causa de ese enriquecimiento. Esa es la experiencia del naturalista, del científico, que mantiene la atención con intención en lo que observa, pero que no juzga, solo contempla. Por ejemplo, cuando un ornitólogo mira con unos prismáticos el nido de unos pájaros y observa cada acción de la madre dando de comer a sus crías, o el vuelo de los pollos al salir del nido. Pero a la vez puede contemplar sucesos desagradables como la muerte de alguno de los individuos por un fenómeno natural. Al científico la lejanía le da una seguridad de no interferencia y le ayuda a una compresión mejor de lo que sucede. Pues lo mismo sucede al distanciarnos de los objetos que pretendemos observar; que participamos más plenamente de su realidad. Cobran una vida más llena de detalles y tenemos una unidad mayor con los mismos. Este es el primer paso; si hasta aquí lo vemos claro, además de los objetos, están los sucesos, lo que pasa fuera. Y también las acciones y en especial, nuestras reacciones, punto crucial en todo el proceso de descubrimiento de la atención plena como luego veremos en los ejercicios. Con todo ello queremos decir que llegamos a la observación de nosotros mismos.

La principal consecuencia es que nos conduce a un estado de libertad. En el estilo de que es un estado de atención sin apego a ningún juicio o punto de vista, sin evaluar la experiencia que acontece fuera, ni tampoco dentro de nosotros. Este es el otro aspecto al que conduce la práctica de la atención plena y consciente. Ser simplemente testigos de las experiencias, observar sin juzgar. Eso conlleva un estado de percepción, sin crítica, sin implicación. En palabras del monje budista Bhante Henepola Gunaratana: «es observar lo que sucede, y exactamente del modo como sucede. Un espejo de la realidad que solo refleja lo que sucede».

Esta observación, o mejor dicho la autoobservación, es uno de los puntos claves no solo de la atención plena, también de muchas de las formas de meditación. Pero esta observación del modo tan simple como lo hemos planteado es a la vez muy compleja, porque al final, como es evidente conjuga dos entidades que en realidad son una sola: Nosotros.

Veamos lo que nos dice Krishnamurti, en su libro *La conciencia fragmentada*:

> «Cuando observamos cosas objetivas como árboles, nubes, las cosas que están fuera de nosotros, existe no solamente el espacio entre el observador y lo observado —el espacio físico— también existe el espacio de tiempo. Cuando miramos un árbol no hay tan sólo la distancia física, sino también la distancia psicológica. Existe la distancia entre usted y el árbol, la distancia creada por la imagen, como conocimiento; ése es un roble o un olmo. Esa imagen entre usted y el árbol, los separa.
>
> Pero cuando la condición de la mente del observador es estar libre de la imagen —que implica imaginación— entonces la relación entre el observador y lo observado es por completo diferente. ¿Han mirado alguna vez un árbol sin una sola palabra de agrado o desagrado, sin una sola imagen? ¿Han notado qué es lo que ocurre entonces? Entonces, por vez primera, ustedes ven el árbol tal como es, y ven su belleza, su color, su profundidad, su vitalidad. Resulta bastante fácil observar un árbol, e incluso a otra persona; pero observarse uno mismo de ese modo —o sea, observar sin el observador— es mucho más difícil. Así es que uno debe descubrir quién es el observador.»

He aquí la cuestión: ¿Quién es el observador de Uno mismo? ¿No es lo mismo el observador que el sujeto observado? ¿Sí o no? La respuesta no es sencilla y requiere un grado de experimentación; la tenemos que encontrar nosotros mismos. Nos ayudará la realización de los varios ejercicios propuestos en el capítulo siguiente. Llegará un momento en el que nos descubriremos observándonos a nosotros mismos de la misma forma que observamos el cielo o que observamos a otros seres vivos. Esa aparente disociación, ese distanciamiento de nosotros por nosotros constituye un paso fundamental en el cultivo de la atención plena o de cualquier otra forma de meditación. Como dice Eknath Easwaran: «esta perspectiva permite separarse —distanciarse— útilmente de los problemas del cuerpo y de la mente». Es una separación en la que hemos cambiado el punto de vista, y observamos nuestra mente como si fuera ajena, es esta visión la que nos otorga una sensación de libertad sobre los pensamientos y emociones que hasta ahora nos resultaban indomables.

El pensador y filósofo Isaiah Berlin desde una esfera social y política también se refiere a esta idea de la libertad. En una recopilación de sus charlas, *Cuatro ensayos sobre la libertad*, en la titulada «La retirada a la ciudadela interna», lo expresa muy acertadamente:

> «El tirano me amenaza con la destrucción de mis propiedades, con la prisión, con el exilio o con la muerte de aquellos a quienes quiero. Pero si ya no me siento ligado a ninguna propiedad ni me importa estar o no en la cárcel, y si he matado en mí mismo mis afectos naturales, ya no puede dominarme, pues todo lo que ha quedado de mí

> ya no es sujeto de miedos o deseos empíricos. Es como si hubiera efectuado una retirada estratégica a una ciudadela interior –mi razón, mi alma, mi yo «nouménico»– que no pueden tocar, hagan lo que hagan, ni las ciegas fuerzas exteriores ni la malicia humana. Me he retirado a mí mismo; ahí y sólo ahí, estoy seguro».

Y más adelante prosigue:

> «Esta es la tradicional auto emancipación de los ascetas y quietistas, de los estoicos o de los sabios budistas, de los hombres de diversas religiones, o de ninguna, que han huido del mundo y se han librado del yugo de la sociedad o de la opinión pública mediante un proceso de auto transformación deliberada que les permite dejar de preocuparse de todos sus valores y quedar al margen, aislados e independientes, y no vulnerables ya a sus armas.»

Esta capacidad de retirada a la ciudadela interna, o al yo interior como dicen otros autores es el punto de inflexión en la meditación. Es el descubrimiento del sentido de la libertad conseguido por el sendero de la interiorización. La vía que nos lleva a ser libres de una forma diferente, dichosa y plena. Libres en todos los sentidos de la palabra, de pensar, de sentir, de hacer.

Aceptación imparcial

El otro aspecto de la atención plena además de la ecuanimidad en la observación y de sentir la presencia, es la «aceptación» imparcial, carente de juicio de lo que experimentamos, sin evaluar los efectos de la experiencia, cultivando una indiferencia respecto a ella. Ese ser testigos del momento, no jueces ni jurado, como hemos visto. Cuando damos testimonio de un hecho, nos limitamos a explicar en detalle lo que sucedió, no a dar nuestra opinión. Por ejemplo, supongamos que vamos caminando por la calle y de repente delante de nosotros tiene lugar un accidente de coche. Dos conductores, desconocidos para nosotros, chocan levemente, sin mayores consecuencias. Es posible que nos paremos a observar la escena, que nos fijemos en los vehículos, en las marcas, en las abolladuras, en lo que se dicen los conductores, en los gestos que hacen. Supongamos también que acude una patrulla de la policía para solventar la incidencia; y que los agentes de policía nos preguntan a nosotros, ¿qué ocurrió?, ¿dónde estábamos?, ¿cuál era nuestra posición?, ¿qué vimos exactamente?. La respuesta que nos demandan debe ser concisa, un reporte fiel de lo observado, sin manifestar nuestra opinión sobre la causa o el culpable del accidente, que no toca juzgar, solo un relato pormenorizado e indiferente de lo sucedido. Este ejemplo es sencillo de entender porque no nos afecta a nosotros; pensemos en ese caso u otro parecido. Pasó lo que pasó, ni nos afectó, ni nos implicamos, simplemente pasábamos por allí y lo vimos. Pero cuando algo nos afecta, aunque sea de forma parcial o indirecta, o cuando observamos nuestra propia experiencia, enseguida tendemos a juzgar, a analizar, a deducir, a evaluar, a extraer conclusiones. Es propio de la naturaleza humana. ¿Nos han enseñado lo contrario? ¿No lo hace así todo el resto de la gente? Imaginemos un caso. Supongamos que al regresar a nuestro hogar, nos damos cuenta que no llevamos las llaves encima. No sabemos si las hemos perdido o nos las hemos dejado dentro. Encima no hay nadie a quien recurrir. ¡Vaya contrariedad! En esa situación es posible que lo primero que hagamos sea enfadarnos con nosotros mismos, nos irritemos y quizás clamemos y nos lamentemos de nuestra torpeza, con un desahogo inútil que no soluciona el problema. Si nos enredamos en esos sentimientos de culpabilidad, la inquietud inmediata nos impedirá pensar como es debido. En esas situaciones, si cultivamos la atención plena esos pensamientos cesarán, porque nuestra atención mental se dirigirá a lo que más precisamos. La clave está en aceptar la situación, calibrar su justa medida, evitar las deducciones de la imaginación y las fantasías sin sentido que circulan por la mente, y lo que consideramos un problema tendrá solución.

Una manera de entender qué quiere decir aceptar la realidad es pensar en la actitud que mantenemos con una persona a la que amamos. Puede ser nuestra pareja, nuestros padres o hijos, o nuestros amigos más queridos. Si en algún momento discutimos con ellos, o bien no tenemos la misma opinión sobre algún tema, no por ello los vamos a menospreciar, ni vamos a perder la estima que les tenemos, aunque en algún momento lo creamos. Lo normal es que mantengamos con ellos un talante de comprensión, de aproximación y de búsqueda del entendimiento, de una manera natural, porque predomina el amor hacia ellos. Hay más ejemplos. Supongamos que nos dedicamos a vender, en una tienda o por teléfono, o que nos desplazamos a visitar a los clientes a su casa o a su empresa o trabajo; la relación que establecemos no es de crítica ni de censura, ni de mordacidad, ni nada parecido; intentamos mirarlos, observarlos, ya que tenemos que estar pendientes de su disposición a comprar o no, a deducir sus gustos y preferencias, a deducir lo que le interesa o no, y actuar en consecuencia, nada más. Pero qué pasa cuando mezclamos la observación con nuestros intereses. Si somos parte implicada, es difícil permanecer ajenos a los sucesos o distanciados de ellos como decíamos antes. Es una ironía de la mente, que nos suele jugar muy malas pasadas. Los pensamientos que genera nos impiden ser neutrales y compasivos con nosotros mismos, nos enredamos como en un sainete clásico, en el que nuestros argumentos se vuelven en contra. No solo eso sino que dudamos de todo, hasta de nosotros mismos, muchas veces somos bastante duros e incluso crueles al enjuiciarnos.

Esta paradoja está bien expresada en un cuento sufí, recogido por Rajness, de Farid Attar del siglo XIII:

> «Se cuenta que una vez, un cazador atrapó un pájaro en el bosque. Este le dijo, "si me dejas libre, te daré tres consejos". El hombre no estaba seguro, y el pájaro le dijo, "el primero te lo daré en tu mano, el segundo cuando me sueltes, y el tercero, después". El cazador aceptó.
> El pájaro le dijo, "si pierdes algo, sea lo que sea, no sientas pesar". El cazador, lo soltó, y posado en una rama le dijo, "nunca creas nada que contradiga tu razón sin tener pruebas". Por último, alejándose le dijo, "Oh, desafortunado, dentro de mí hay dos joyas valiosas que hubieran sido tuyas".

> El hombre angustiado por esa posesión perdida dijo, "al menos, dime tu último consejo".
>
> Entonces el pájaro le dijo: "qué tontería, pedir otro consejo sin reflexionar sobre los anteriores, primero te dije que no te lamentaras por la pérdida, luego que no creyeras nada contrario a la razón, y resulta que estás haciendo ambas cosas".
>
> Y concluyó: "piensa que dentro de mí no caben dos joyas; te lamentas de haber perdido algo absurdo. Permanece pues dentro de las restricciones habituales impuestas al hombre».

Las tretas de la mente nos provocan la confusión. Su resultado es la indecisión, la incapacidad de actuar. Quedamos atrapados en una red de deseos, intenciones, raciocinios, creencias, arquetipos, de la que nos sabemos salir. Un laberinto que se crea a sí mismo. Esa es la causa de los conflictos internos. El primer paso es comprenderlo y aceptarlo. Cultivar la aceptación de nosotros mismos implica un proceso de desvinculación, alguna forma de distanciamiento. Nos puede ayudar a entenderlo la observación que realizan los niños de algo nuevo, que no han visto nunca. A los niños, cuando les damos algo nuevo, un juguete nuevo, lo primero que hacen es observarlo con todo detenimiento, tocarlo, darle vueltas, mirarlo de arriba a abajo, olerlo, incluso intentar probarlo; sus ojos suelen estar bien abiertos, disfrutando, nada les distrae, les ocupa al cien por cien. Es un ejemplo de atención plena. Lo más interesante es que no han hecho ninguna racionalización, solo han observado e intentado captar el máximo número de detalles. Después, quizás nos pregunten, ¿qué es?. Y pasado un tiempo, a lo mejor nos piden que les ayudemos a usarlo; pero de entrada no se han formado ninguna opinión.

A los adultos a veces no pasa algo parecido, cuando nos asombra algo novedoso; hay un momento en que también abrimos los ojos, abrimos los sentidos para observar lo que es, para evaluar sin juzgar, hasta que la atracción por lo nuevo disminuye, y entonces nuestra mente hace lo que hace siempre, dar una opinión.

Vivir *mindfulness* nos hace estar atentos a nuestros actos, a lo que sentimos y experimentamos al hacerlos. Pero aún hay más, como señala el doctor Kabat «la persona se acepta a sí misma, acepta sus reacciones, sus expresiones, sus reflexiones en cada acto concreto». Se trata de una actitud de autoobservación, sin juzgar, con mente abierta, apertura plena, independientemente de si la experiencia resulta agradable o desagradable, si nos parece buena o mala.

Ese paso entre la contemplación y el juicio puede dilatarse si aceptamos la realidad que deriva de la percepción. Esa aceptación implica ser muy conscientes de todo, y una actitud de desapego. Conseguir ese estado, nos libera de esclavitudes mentales. Hay autores occidentales que hablando de meditación recalcan mucho esa liberación. Cuando somos capaces de asumir la aceptación de nosotros mismos, la aceptación honesta de nuestros actos o pensamientos, pasamos a sentirnos liberados de una opresión mental, de una obligación de enjuiciar, de buscar causas y explicaciones, que parece ser el modelo convencional de cómo hay que pensar y que hemos aplicado siempre.

La idea que reside tras *mindfulness* o la atención plena es un concepto profundo. Hemos dado las pistas esenciales, desgranando su concepto y significado desde orígenes hasta la actualidad. No existe unanimidad sobre cómo definirla; muchos autores orientan la interpretación en sentido práctico, describiendo los efectos que produce más que su definición. Esto es lo que vamos a hacer de un modo gráfico. Por un lado hay un componente básico, su centro neurálgico, sin el que no tendría razón de ser, que está relacionada con la forma de meditación Vipassana. Es su eje principal. Por otro lado, existe el cultivo de unos principios en la vida, una expresión en lo cotidiano, sin los que no tendría sentido. Si decimos que practicamos *mindfulness* y que únicamente hacemos meditación , pero que luego no la trasladamos a la existencia, no la manifestamos, o que seguimos haciendo la misma vida que antes, en realidad no hemos conectado con lo que significa la atención plena. Por eso la práctica correcta debe combinar esquemas típicos de meditación con aplicaciones en la vida normal. Los otros tres ejes o pilares básicos que hemos comentado, cuya aplicación y dedicación constituyen también su esencia, su fundamento, son:

Observación – Atención
Presencia – Conciencia de uno mismo
Aceptación – Indiferencia

El centro de la atención plena es un proceso meditativo o una forma de meditación derivada de sus orígenes budistas, que es la base de los ejercicios y su aplicación. A medida que ese punto neurálgico se desarrolla a través de su ejercitación, afianza todo el fundamento, haciendo crecer al practicante la capacidad de mantener la atención consciente en si mismo.

A la vez hay una envoltura en la vida cotidiana con los tres ingredientes citados y que giran alrededor de la propia personalidad, los tres unidos, imbricados, de forma que su desarrollo es común. No hay uno más preponderante que otro. Por ejemplo, cuanto más observemos, más presentes estaremos en nosotros mismos; cuanto más aceptemos la realidad personal y externa, más presentes nos haremos y a la vez más atentos nos volveremos. Es decir, es un círculo que a medida que se ejercita, se vive más, y a medida que se vive más se va ampliando y expandiendo en nosotros mismos y a nuestro alrededor. La disminución de cualquier aspecto disminuye la expresión de la atención plena.

Dice K. Dürckheim, pensador alemán que reflexionó y divulgó sobre esa actitud, en su libro *La vida cotidiana como ejercicio de superación moral*:

> «Mas esto significa vivir la cotidianidad como ejercicio; no como ejercicio de rendimiento humano, si no como ejercicio interior, como práctica hacia un camino interior».

Mente, cerebro y meditación

La década de los años noventa fue declarada «la década del cerebro» por la comunidad científica; afirmando con ello la importancia que tiene conocer su funcionamiento para entender al ser humano. Hemos de tener claro que la explicación de cómo funciona y actúa la meditación está en el cerebro. La clave está en el órgano que nos diferencia del resto de los seres vivos. La ciencia tiene en sus manos nuevos y poderosos mecanismos de exploración cerebral. Estos medios permiten por ejemplo, mostrar imágenes de las regiones cerebrales mientras ejecutan una tarea determinada. Son una ayuda indispensable para que los neurocirujanos puedan realizar intervenciones con gran precisión solo en las zonas cerebrales afectadas por un tumor u otro daño; para el diagnóstico de enfermedades y malformaciones neuronales y para que los investigadores puedan analizar cualquier función cerebral en el momento que se ejecuta. El futuro a medio plazo, a medida que estos estudios vayan avanzando, nos irá desvelando las respuestas a cómo actúa y qué funciones se estimulan mientras meditamos.

MOLDEAR LA MENTE

Pero esto suscita un tema. En todo el libro hablamos de mente y no de cerebro. ¿Qué diferencia hay entre ambos? ¿Son lo mismo o tal vez no? El problema mente-cerebro es uno de los más apasionantes que existen y ha dado lugar a grandes debates filosóficos. La pregunta en el fondo es ¿qué relación hay entre los estados mentales y los estados corporales?. Entendiendo por estados mentales la conciencia o la parte psíquica y los estados corporales, los neurológicos o el cerebro. ¿Son lo mismo o bien se trata de cosas diferentes? Como es lógico ante una incógnita así ha habido múltiples respuestas, con un sinfín de variantes y de opiniones, desde todas las áreas del pensamiento. Porque en el fondo nos estamos preguntando si existe de verdad el concepto de *libre albedrío* tal y como lo entendemos; en el polo opuesto la pregunta es: «¿las máquinas o los ordenadores podrán pensar algún día como las personas?». Cuestiones nada triviales, que afectan a muchas áreas del conocimiento, como la neurobiología o las ciencias de la computación. O sea, a nuestra propia naturaleza.

Con independencia de la respuesta que adoptemos, lo cierto es que, como dicen cada vez más científicos, somos capaces de modelar nuestra mente. El equivalente con el cuerpo físico es muy evidente, por ejemplo con los músculos. La ejercitación constante, continuada, desarrolla el sistema muscular a todos los niveles, desde los deportistas, hasta las personas que deben realizar rehabilitación. Igual sucede con nuestra mente, tenemos la capacidad de transformarla. El divulgador y escritor Eduard Punset dice que «la ciencia nos ha permitido descubrir que la experiencia individual sobre la estructura del cerebro y las decisiones es fundamental». En el Instituto Mente y Vida, uno de los referentes a nivel mundial para el desarrollo humano, promovido por el Dalai Lama, se impulsan los estudios, encuentros y proyectos de investigación entre científicos y ejercitantes del budismo y otras tradiciones. Ha propiciado el diálogo entre diversas ramas de la ciencia, la medicina, las neurociencias, la psicología, la física, además de las ciencias educativas y la filosofía con las prácticas contemplativas. En su portal de internet podemos encontrar por ejemplo, el congreso celebrado en 2004 dedicado a la neuroplasticidad, es decir a cómo cambiar la mente, transformando el cerebro.

Las pruebas se irán acumulando. Como aseguran los meditadores expertos, los antiguos maestros, o como sabemos los que la hemos experimentado, a través de *mindfulness* y demás formas de meditación somos capaces de cambiar nuestra mente. Podemos ir dirigiendo poco a poco las tendencias, las intenciones, los modelos mentales internos, hacia aquellos focos que una vez interiorizados consideramos los correctos. La ciencia viene con sus experimentos a confirmar lo que la meditación anunciaba hace miles de años: el poder de transformar y mejorar nuestra mente.

FENÓMENO UNIVERSAL

No olvidemos que todos los seres humanos procedemos de un mismo origen, de un mismo tronco común. Somos el fruto de una larga evolución, de millones de años de adaptación. Las especies que nos han precedido en la Tierra han dejado su huella en nosotros, desde los mamíferos más próximos hasta las bacterias más antiguas y lejanas. Esa marca está en nuestros genes, en nuestro cuerpo, y también en nuestro cerebro. Nuestros remotos antepasados desarrollaron un cuerpo biológico y un cerebro muy similares al nuestro. Nosotros, como especie homo sapiens que somos, hemos heredado funciones biológicas muy antiguas. De una forma o de otra estamos vinculados a las especies que nos han precedido. Todos los hombres somos iguales por origen y por desarrollo, por constitución biológica y por posibles capacidades. No cabe la menor duda. Luego, en cada rincón del planeta las manifestaciones culturales que se han producido han sido diferentes, según el entorno y el resto de variables, lo que ha llevado a desarrollar expresiones colectivas, ceremonias, lenguas y comunidades diferentes. Pero en el fondo, en la raíz, hay un modo común y único.

Las afirmaciones religiosas son un ejemplo de ello. Están por todos los lugares del planeta, y aunque no entremos a juzgarlas y analizarlas, debe de existir alguna raíz en nuestro tronco común que las haya favorecido. La meditación, al igual que otros fenómenos humanos que tienen carácter universal, entra dentro de este género de manifestaciones comunes a todos los seres humanos; y por tanto no ha de extrañarnos que se dé en todas partes del mundo; y que, aunque la atención plena haya nacido en Oriente, tenga su equivalencia en otros lugares del planeta.

LOS TRES CEREBROS

Hay algunas teorías al respecto que nos pueden ayudar a entender el porqué de esa universalidad. Una de ellas se llama de la teoría de los tres cerebros y es de Paul MacLean; fue popularizada por Carl Sagan en su programa Cosmos. Tiene sus diferentes variantes, seguidores y sus críticos, como todas las teorías.

En síntesis dice que nuestro cerebro es triple debido al rastro que la evolución ha dejado en nosotros, desde la época de los reptiles a los mamíferos. El cerebro de la primera etapa o reptil tiene las funciones básicas para sobrevivir; los reptiles no recuerdan, no tienen conciencia de sí mismos, podríamos decir que actúan por reflejos, siguiendo todos una misma pauta. Los mamíferos en cambio tienen funciones mas evolucionadas; han de recordar dónde dejan a sus crías debido a que hay vínculos de dependencia muy fuertes entre los individuos, a diferencia de otras especies en las que las crías son independientes de sus progenitores desde el momento de nacer. Por tanto, el recuerdo del pasado, aunque sea tan simple como eso, es un hecho importante, fundamental y diferenciador para su conservación y supervivencia. Los mamíferos superiores, los primates y los humanos hemos desarrollado funciones y capacidades más avanzadas; por ejemplo la imagen del individuo, la proyección al futuro, la capacidad de crear e imaginar y la cultura. Estas tres etapas tienen su equivalente en los tres cerebros cuyo rastro conservamos —según dice esta teoría—, bajo una representación neuronal en zonas o sistemas bien estructurados. Sin juzgar su validez científica, que le toca a las neurociencias, nos permite una comprensión de la naturaleza humana bajo la perspectiva evolucionista; somos como somos, con una conjunción de rasgos y tendencias tan contradictorias y dispares, debido a que se superponen en el cerebro sistemas neuronales con una causa y función muy diversa. Dentro nuestro coexisten tendencias violentas, las que están en el cerebro reptil, y tendencias creativas superiores en el neocortex. ¿Por qué a veces nos dominan unas u otras?. No lo sabemos con exactitud, esperemos que las investigaciones futuras lo aclaren.

LAS DROGAS DE LA FELICIDAD

Las endorfinas y encefalinas son unas substancias parecidas a la morfina. Las produce nuestro organismo y su función principal es analgésica, es decir disminuir el efecto del dolor, pero sin los efectos nocivos que puede tener ese producto si se administra desde afuera. Se descubrieron a principios de los años setenta, llamando enseguida la atención de los científicos. La función y el porqué las producimos son objeto de la investigación científica, pero sin duda sus efectos benéficos son incuestionables. Por eso se las ha llamado «las drogas de la felicidad». Cada día se añaden más evidencias científicas en a favor del potencial que tienen por ejemplo para defendernos del estrés y en la modulación del dolor. En condiciones normales se asocian a la práctica del deporte o del ejercicio físico. Esto podría explicar la elevación del estado de ánimo que se observa tras realizar un esfuerzo; y también la explicación del porqué en los atletas el dolor físico es reemplazado por sensaciones de bienestar, optimismo y júbilo que se prolongan aún después de concluida la actividad o la competición debido al efecto analgésico y modulador que tienen. Podríamos decir que, además de los buenos efectos que tiene el deporte o el ejercicio físico sobre el sistema cardiopulmonar, el sistema circulatorio y sobre el sistema inmune, la actividad física y en general el entrenamiento es muy recomendable para mantener el equilibrio humoral y psíquico debido al efecto de las endorfinas.

El doctor Francisco Rubia en su libro *La conexión divina* señala que pueden producir otros efectos como euforia y estados placenteros y que la superproducción de endorfinas puede acompañar a los estados de éxtasis. También indica que es posible que el propio organismo cree situaciones amenazantes irreales, como pesadillas, delirios o psicosis para provocar la segregación de endorfinas.

Hay otras situaciones que también generan endorfinas, como los estallidos de risa. Si hemos participado en algún taller de risoterapia habremos comprobado el beneficio relajante de la risa en el organismo; si además va acompañado de movimiento, expresión corporal, baile o danza, los efectos benéficos se van sumando. El tratamiento de la acupuntura, un método tradicional chino, debe su valor analgésico a que estimula la segregación de las endorfinas.

Eso nos lleva a plantearnos si la práctica de la meditación y otras técnicas introspectivas como la relajación o la sugestión ayudarían a que el organismo produjera endorfinas de un modo controlado y dirigido. Algunos meditadores experimentados no pueden prescindir de ese rato diario; tienen la sensación de que les falta algo. Se puede demostrar que la sensación de bienestar que experimentamos después de la meditación puede estar relacionada con ese hecho. Un buen argumento, fundado en la biología, que nos puede convencer para que empecemos la práctica de *mindfulness*.

CREATIVIDAD, INTUICIÓN E INCONSCIENTE

Algunas de las claves para entender cómo actúa el proceso meditativo están en sintonía con algunos aspectos que se mencionan al analizar el proceso creativo. Como decía el matemático y filósofo Henri Poincaré, que abordó cuestiones humanísticas «un científico merecedor de tal nombre, sobre todo un matemático, experimenta en su trabajo la misma impresión que un artista; su placer es tan grande y de la misma naturaleza». El modo en que desarrollan la creatividad, científicos, ingenieros y artistas, en labores tan distintas, es en el fondo el mismo. Tienen las mismas sensaciones, emociones, imágenes, y hacen servir modelos análogos. Como señaló Einstein, «en toda obra creativa la imaginación es más importante que el conocimiento». La explicación radica en el funcionamiento de la mente humana.

Veamos algunos conceptos asociados a la creatividad. Se habla de incubación de ideas. Un estado en el que el creador no está dedicado de manera consciente a su obra, pero cuyo inconsciente continua trabajando. Sucede por ejemplo en esos momentos en que uno mismo se otorga un descanso para que la mente se organice. Dicen al respecto Michele y Robert Root-Bernstein en su libro *El secreto de la creatividad* que «los sentimientos y las intuiciones no obstaculizan el pensamiento racional, sino que, muy al contrario, constituyen su origen y fundamento». También se habla de inspiración, un proceso incomprensible, sobre el que sabemos bien poco; y que se ha atribuido a la musa, al duende, a algo externo, pero en psicología actual se atribuye al inconsciente. Es muy probable que durante la meditación se desencadenen esos mismos procesos.

Otro de los aspectos interesantes es el de la intuición. Una respuesta correcta a un problema planteado pero hallada sin un discurso racional y sin la intervención de la facultad discursiva y reflexiva. Guy Claxton se refiere a las tres velocidades de la mente. La primera, la más rápida, es la que dirige al pianista al interpretar una obra, o al jugador de tenis de mesa en un partido. La segunda sería el pensamiento discursivo normal, el racional, el que resuelve asuntos. Y la tercera se asocia a lo lento, a lo inconsciente, a la ensoñación; la llevaría a cabo la submente, un estrato de la actividad de la psique humana más rico y más sutil que la conciencia. Registra hechos de los que no llegamos a hacernos conscientes. Indica este autor que el desequilibrio entre consciencia e inconsciencia se justifica por la existencia de dos umbrales, uno debajo del cual la submente no se activa y, otro por encima del cual el conocimiento penetra en la conciencia. Lo aconsejable seria que ambos estuvieran próximos, de esta manera redundaría en beneficio de la mente. Nuestra sociedad occidental ha tomado como prioritaria la segunda, y ha olvidado la última, influyendo en la educación y en la generación de nuevas ideas, es decir los modelos que a su vez generan interrogantes y respuestas. T. Kuhn lo bautizó como *paradigma*. En Occidente el paradigma dominante menospreciaba ciertos conceptos como el de *intuición*. Se hablaba de «intuición femenina» en tono despreciativo en contraposición a la reflexión masculina. Y por eso durante muchos años no se incluyó en ningún método de enseñanza. ¿Cómo podía entenderse el concepto budista de «consultar al abdomen»? Además, en la sociedad moderna tiene más importancia el tomar decisiones de una manera rápida y acelerada que el pensar lento, que el «dejar las cosas para meditarlas». Eso obvia un principio, que la información no consciente nos afecta mucho más de lo que habitualmente creemos.

Estos conceptos asociados al complejo proceso de crear y pensar que actúan en nuestra mente podrían trasladarse al hecho de meditar. Al ejercitar la meditación es seguro que activamos funciones cerebrales de hondo calado, poco desarrolladas pero en estado latente; que están ahí desde siempre, por algún motivo inherente a la evolución, y cuya capacidad todavía desconocemos empíricamente. Tenemos grandes indicios de que existen y de su potencial porque así nos lo han relatado desde hace tiempo otros seres humanos que las han experimentado. Podrán ser similares a la intuición, inspiración, iluminación, submente, visión lenta u otras denominaciones, pero el germen subyace y solo espera que lo desarrollemos.

Pensemos que en lo que respecta a la naturaleza humana no está todo dicho ni mucho menos. Los avances científicos sin duda harán que se entienda al ser humano íntegramente. Eso quiere decir que deben incluir aspectos naturales como los indicados y cuyo fundamento pueda ser verificable. Ahora, por ejemplo, ya se da toda la importancia que merece la inteligencia emocional. Una faceta redescubierta del ser humano que ha demostrado cómo las personas que viven siendo capaces de gobernar, percibir y expresar sus emociones son más conscientes de sí mismas desarrollan una mejor empatía que les permite ser conscientes de las emociones de los demás, y por tanto se desenvuelven mejor y son más diestras en la sociedad. Ocurrirá lo mismo cuando fenómenos como la meditación se integren en las actividades humanas de todo tipo y tengan la relevancia social que les corresponda.

II
La práctica de *mindfulness*

Los ejercicios descritos a continuación forman parte de la meditación de la atención plena en su sentido más amplio. Digamos algunas cosas antes de empezar. Primero conviene señalar que en las escuelas o centros en donde se aplican los mismos se suelen complementar con los de otras disciplinas; por ejemplo en el mencionado y referente programa PRER creado por el doctor Jon Kabat Zinn se combina la atención plena con movimientos o asanas del Hatha Yoga, hecho por otra parte bastante frecuente. Por este motivo el conjunto de los ejercicios que proponemos en este libro podrá ser diferente de los que aparezcan en otro que siga también esta disciplina; habrá diferencias en otros aspectos si el libro además está orientado hacia la psicología o la psiquiatría para los profesionales de esos campos. No olvidemos que incluso los libros escritos por monjes budistas no coinciden en todo, ni tampoco siguen al pie de la letra las escrituras originales. Pero el fondo siempre es el mismo. En lo referente a las prácticas meditativas no existe una regla de uniformidad, como pueda ser en otros campos. Por una parte recalquemos la antigüedad de las fuentes con orígenes diversos; por otro, la desigual evolución de cada una, que aunque en algún tiempo y lugar hayan llegado a coexistir entre ellas, lo que no descarta influencias, han seguido caminos heterogéneos. En nuestros días nos han llegado de mil maneras. En las últimas décadas ha habido una profusión incontable de libros, artículos, documentales, contenidos web sobre meditación, y por tanto se ha dado a conocer por todos los medios posibles. Como hemos comentado más arriba, la transmisión de los conocimientos de los métodos de introspección siempre se había efectuado oralmente salvo en contados casos; pero en la actualidad esos conocimientos se pueden comparar, se pueden sistematizar de alguna manera, y se puede lograr establecer un lenguaje común, a pesar de las complejidades intrínsecas que ello conlleva. La mezcla de prácticas, lejos de ser un obstáculo constituye una ventaja. La variedad nos enriquece como seres humanos. Nos ayuda a la comprensión y finalidad de los ejercicios; los podemos situar y comparar mejor y así se favorece la simplicidad de los mismos. Además, al complementarse, los beneficios se alcanzan de un modo más rápido, sin que pierdan ningún sentido ni profundidad, como puede darse si cada disciplina se ejercita por separado.

Segundo, y esto es importante, algunos de los ejercicios han sido adaptados en programas de tratamiento psicológico y terapéutico formando parte importante de los mismos. Aquí no lo vamos a tratar de exponer, no es el objeto de este libro, porque va dirigido a todo el mundo, a todas las personas, con objeto de que conozcan y se animen a usar la atención plena, que la sepan y puedan aplicar a sus vidas. No sirven para tratar, ni mucho menos curar ninguna dolencia, ya sea mental o física, que debe ser manejada por profesionales que acrediten los conocimientos básicos para su aplicación o en los centros clínicos adecuados y reconocidos. Conviene recalcarlo porque lamentablemente sujetos y sectas sin escrúpulos han utilizado estas supuestas facilidades curativas para atraer personas a sus redes. Tengámoslo presente.

En tercer lugar recordemos que usamos la palabra *meditación* en el sentido amplio de la palabra, según la definición antes indicada. Hoy encontramos muchos libros sobre meditación. Conviene ser cautos cuando se habla o se lee al respecto y en qué contexto se explica, pues cada autor la puede usar en muchos sentidos, sin incurrir en contradicciones unos con otros. Cada escuela, cada forma tradicional, contiene saberes humanos ricos y muy diversos, que luego traslada a su práctica, a veces siguiendo influencias culturales propias del lugar donde se ha desarrollado. Un ejemplo bien sencillo: en los libros y artículos de autores occidentales se habla mucho de «técnicas de meditación» por la influencia social de la técnica en nuestra cultura contemporánea; mientras que en los de autores orientales se habla más de «camino o vía» en sintonía con el lenguaje de la antigua tradición. Lo mismo ocurre con palabras como *espíritu* o *espiritual*, que en Occidente suele tener una connotación religiosa más concreta, cosa que no sucede tanto en Oriente; por eso no nos referimos a los ejercicios con expresiones como «ejercicios de espiritualidad» o similares, ya que en nuestras latitudes daría lugar a confusión, y por este motivo a lo largo del libro no usamos estos términos.

Por último, los ejercicios que vamos a proponer giran alrededor de tres temas, para agruparlos según los tres conceptos en los que se basa la atención plena. El objetivo final es que cada uno de nosotros los podamos incorporar a nuestra vida y elaborar nuestro propio programa de acción, desde el primer momento, aprovechando esa sencillez en la manifestación de sus efectos de una manera natural. Por eso vamos a intentar comprender y detallar las experiencias lo mejor posible, para que despierten en nosotros la curiosidad y la apertura mental necesarias.

Consideraciones previas

POSICIÓN:

Busquemos al principio un lugar donde podamos practicar con tranquilidad, que esté bien ventilado y donde no suframos temperaturas extremas, calor o frío, que nos priven del confort adecuado. No es necesario que sea en una habitación especifica o un rincón concreto, si como suele suceder no tenemos mucho espacio. Si puede ser al aire libre, en condiciones óptimas, mucho mejor; cualquier lugar es bueno. Basta sentarse en una silla. No hay que adoptar ni hacer ninguna postura especial, ni llevar ninguna ropa concreta, sólo que sea cómoda y que no nos apriete; si por ejemplo practicamos en los momentos de descanso laboral, mejor es desabrocharse el cinturón, los cordones de los zapatos o cualquier prenda que pueda crear incomodidades.

Las personas que hayan ejercitado otras técnicas con anterioridad y estén habituadas a una postura concreta, pueden usarla; esta es una de las ventajas de la atención plena, la capacidad de adaptarse. Al principio es más adecuado una silla con un respaldo recto, mejor que un sofá, un sillón reclinado, un taburete, o un cojín japonés para evitar tensiones musculares en la espalda; pero si estamos acostumbrados a sentarnos en uno sin respaldo y no nos causa molestias estar sentados de 20 a 30 minutos, adelante. El hecho de tener la espalda en vertical, nos ayudar a respirar mejor sin opresión, con fluidez. Como indica Kabat-Zinn la persona que medita sentada «es como una gran montaña, alta y majestuosa que se mantiene imperturbable a través de las diferentes condiciones atmosféricas».

La posición del cuerpo indica estabilidad, quietud y alerta ante los estímulos internos y externos.

LUGAR:

Puede que al principio, estar en el ambiente habitual de nuestro hogar o trabajo, no nos permita centrarnos en el ejercicio ya que la mente, que no puede parar, se irá a lo que nos preocupa: el informe que tengo que hacer, el libro que he de leer, la compra que he de realizar, una reparación pendiente, o lo último que hemos comentado, la última llamada que hemos tenido, la última discusión que nos ha enfrascado. Eso nos puede pasar a todos, ya que los lugares donde solemos estar nos crean lazos emocionales muy directos. Nos aconsejan algunos maestros empezar en un lugar que nos sugiera tranquilidad para no favorecer esos pensamientos. Un rincón especial de una habitación, una zona determinada de la casa, un balcón o una terraza pueden ser idóneos. Si vemos que cambiar a otro lugar nos va mejor, adelante también.

MANOS:

Las manos las podemos colocar de muchas formas, por ejemplo, en los muslos detrás de las rodillas o colocándolas con la palma hacia arriba descansando en el regazo, o uniendo ambos pulgares, o bien uniendo pulgar e índice de cada mano, mientras las apoyamos en los muslos. Estas diferentes formas de colocar los dedos de las manos se denominan *Mudras* en las antiguas tradiciones orientales. Hay numerosas y son muy fáciles de realizar. En libros y páginas de internet se indican las diversas posiciones y sus propósitos; se aplican en la danza y el teatro. Podemos ensayar diversas posiciones hasta encontrar la que mejor se integre con nosotros, o bien simplemente dejarlas en el regazo.

Sonrisa:

Una aportación interesante es esbozar una ligera sonrisa a la vez que se mantiene el rostro relajado. Recordemos las imágenes del rostro del Buda en meditación, como por ejemplo la del templo colgante de HengShan en China, cuya expresión dulce y tranquila se manifiesta por su sonrisa; o la eterna e insondable mirada de la Mona Lisa, cuyo encanto supo transmitir el gran Leonardo. Sonreír nos transmite sosiego y alegría. Una sonrisa cambia el rostro de una persona, la destensa por fuera, los músculos de la cara se relajan, y transmite al resto del cuerpo la misma sensación; pero por dentro es igual, al sonreír, transmitimos a nuestra mente buenas sensaciones, y si tenemos un buen estado de ánimo mental, nos llenamos de energía y autoestima. Una sonrisa no sólo nos cambia a nosotros, cambia nuestro alrededor. Ver a una persona sonreír nos transmite una sensación de amabilidad, de sentimientos positivos, es una sensación enriquecedora. No nos cuesta nada, es bueno para nosotros y bueno para el prójimo. O sea ¿por qué no sonreír más a menudo?

Cuando practiquemos los ejercicios intentemos mantener una sonrisa o media sonrisa de forma que la llevemos incorporada a nuestro interior.

MIRADA:

Lo mejor es cerrar los ojos ya que nos ayudará a concentrarnos; aunque al principio también se puede fijar la mirada en algún punto cercano hasta que nos habituemos. Después los vamos dejando cerrados poco a poco. Hay escuelas de meditación que enseñan a mantener la mirada puesta en un icono, una imagen, o simplemente en un punto vacío, en blanco. Es indiferente.

HORA:

Cualquier hora es buena. La idea es que no nos molesten, o sea que no tengamos sobresaltos continuos; si por ejemplo tenemos hijos pequeños, o personas con nosotros a nuestro cargo; o la posibilidad de recibir llamadas telefónicas, o que suene el timbre de la puerta de casa, o cualquier ruido ambiental como los coches, la televisión, la radio, los vecinos. Por eso hay muchas personas que prefieren la madrugada, escritores o artistas en particular, ya que son aquellos instantes en que todo está calmado y en los que seguro que no nos va a molestar nadie ni nada. Pero si somos de las personas que no podemos madrugar, hemos de buscar aquella hora del día en que más tranquilos nos solamos encontrar, la tarde, la noche, el mediodía, aquel rato en que podamos recogernos en nosotros mismos. Con la práctica veremos que las distracciones disminuyen su efecto perjudicial y que no nos causan tanta perturbación como cuando empezamos. Iremos notando un grado de concentración cada vez mayor y más sosiego.

ORIENTACIÓN:

Es indiferente. Sin embargo, a veces se aconseja mirar al polo de la Tierra que nos sirva de referencia, el norte en el hemisferio norte y el sur en su opuesto. Otra posibilidad es orientarse hacia la posición del Sol. Esta preferencia tiene que ver con antiguas tradiciones. La identificación simbólica del Sol con la divinidad está presente en la literatura y arte del Renacimiento, como dice el historiador T. Khun que pone el ejemplo del *Liber de sole* de Marsilio Ficino, autor neoplatónico del siglo XV que ahora se vuelve a editar y leer:

> «Nada revela más plenamente la naturaleza del Bien que la luz del Sol … El Bien se esparce a sí mismo por todo lugar endulzando y seduciendo a todas las cosas. No actúa por obligación sino por el amor que lo acompaña. Este amor atrae de tal forma a todo objeto que acaban por abrazar libremente el Bien …».

Duración:

La mayoría de ejercicios de meditación, es decir en el lugar y hora que escojamos, están pensados para una duración de entre 10 y 20 minutos. Al inicio pueden durar menos hasta que cojamos el ritmo, y sigamos su dinámica con desenvoltura y facilidad. La práctica nos indicará la duración más adecuada. Por otra parte, los ejercicios que se practican en el entorno cotidiano no tienen ningún intervalo establecido.

Preparación previa:

Ninguna. Esta es una de las diferencias de la atención plena respecto a otro tipo de meditación en que se aconseja relajarse previamente o realizar determinados ejercicios para acompasar la mente y el cuerpo, o tener que acudir a un instructor para que nos guíe al principio.

Ambiente:

Si nos gusta concentrarnos oyendo música, busquemos alguna relajante o tranquila, música clásica por ejemplo; ponerla con poco volumen, ya que a través de estos ejercicios la actividad sensorial es más aguda. Si preferimos el silencio y podemos tenerlo, mucho mejor. Con el tiempo y el ejercicio, incluso seremos capaces de practicar la atención plena en medio dé un gran bullicio.

Si nos gusta el aroma del incienso o de algún aroma ambientador, los hay muchos y muy buenos. La idea es crear aquel ambiente recogedor, pacífico, agradable, de sosiego y bienestar, que nos de contento y placer tranquilos.

Anotaciones:

Es recomendable, aunque no imprescindible, que anotemos en un diario personal lo que hemos experimentado o sentido tras cada ejercicio que realicemos. De este modo podremos ver nuestra evolución personal, y el efecto que los ejercicios producen en nosotros. Lo más práctico es al acabar de hacerlos, ya que así tendremos su recuerdo bien vivo. No hace falta mucha extensión, unas pocas líneas serán suficientes. Anotemos antes que nada, lo que nos proponemos o esperamos encontrar o obtener al practicar los ejercicios, por ejemplo, dormir mejor, dejar de fumar, conseguir bajar algo de peso, tener menos estrés en el trabajo, relajarnos más a menudo, cambiar un hábito, tener más tiempo, sentir entusiasmo, concentrarnos mucho más, estudiar mejor. Intentemos ser lo más concreto que podamos. Todos tenemos alguna habilidad que mejorar, algún objetivo que lograr, algún obstáculo que superar, algún sueño que cumplir; tal vez con el tiempo cambien, como cambiamos nosotros.

Nuestra historia personal es el mejor relato que podemos leer, a fin de cuentas somos los autores y protagonistas del mismo. ¿Por qué no entregarse a ese breve trabajo diario?

Silencio:

Antes de empezar cualquier ejercicio, haremos un instante de silencio, de recogimiento. Todos los caminos de interiorización empiezan con el valor del silencio; es la puerta que abre otras puertas, y en cada una de ellas se nos irá haciendo más presente de varios modos. No quiere decir sólo tener la boca callada, hay varios niveles de mutismo interior, y el más importante no es callar. La importancia que tiene se nos ira manifestando a medida que avancemos.

¿Qué es el silencio? En un libro de Kent Nerburn titulado, *Ni lobo ni perro. Por senderos olvidados con un anciano indio*, se recoge lo siguiente:

> «La gente debería pensar en sus palabras como si fuesen semillas. Deberían plantarlas, y luego permitirles crecer en silencio. Nuestros ancianos nos enseñaron que la tierra siempre nos está hablando, pero que debemos guardar silencio para escucharla».

La paradoja de la voz del silencio, del mensaje del silencio está en la sabiduría de todas las tradiciones, en las que podemos leer textos parecidos al de este anciano indio. Nos dice Torkom Saraydarian en su libro *La ciencia de la meditación* que hay que hacer tres días de silencio al año. Gandhi lo hacía más a menudo, una vez por semana. En su intensa vida pública llevaba encima trocitos de papel para comunicarse con los demás en esos días. Cuenta uno de su biógrafos que no se saltaba ese día de silencio por ningún motivo, ni en las reuniones de más alto nivel con el último virrey británico de la India, quien como recuerdo personal, guardaba aquellas anotaciones como un tesoro.

Nuestra cultura occidental actual nos obliga a parlotear en exceso. Casi podíamos decir que hemos tomado al pie de la letra el comienzo del evangelio de San Juan: «En el principio era el Verbo», y lo hemos convertido en: «Lo que vale es el verbo». Necesitamos estar conectados a algún medio sonoro, la radio, la televisión, el mp3, llevar auriculares en todo momento. Ahora incluso hay lugares y medios en los que es casi obligatorio decir chismes sin sentido. Sin embargo no siempre ha sido así, ni aquí ni en otras culturas, ni en otras épocas. ¿Dónde queda la conversación sosegada con nuestros congéneres y vecinos?

La mesura en las palabras no implica que no se esté dando mensajes, que no se esté hablando, con más conocimiento y sabiduría que con las palabras. La sabiduría antigua nos trasmite que la comunicación con otros seres humanos tiene más vías que las palabras. Y que la comunicación con la Naturaleza es a través del silencio.

> El silencio es la primera etapa de la interiorización.

El silencio y la contemplación están vinculados. Contemplar es observar, oír, entender y unirse de un modo profundo con los que nos rodean o con el objeto de contemplación. Para los místicos es una fuente de belleza y felicidad que trasladan a su vida cotidiana. Empecemos siempre los ejercicios con el silencio.

Primer tema: Toma de contacto con nosotros mismos

La primera propuesta o tema de ejercicios van dirigidos a despertar la autoobservación, o la contemplación de uno mismo, empezando por nuestro cuerpo, tan próximo y tan lejano. A despertar el aspecto de la observación.

Ejercicio: Contemplar la respiración.

Se trata de un ejercicio en apariencia sencillo, pero intenso. Nos sentamos en la postura que adoptemos, como nos vaya mejor, poniendo las manos como más cómodos nos sintamos. Tal vez al principio las cambiemos. No pasa nada, nos tomaremos las sesiones que hagan falta. Al final adoptaremos la más conveniente, que con el tiempo será nuestra postura. Tras un breve momento de silencio según lo indicado, dirigiremos nuestra atención a la respiración.

Sintamos cómo el aire entra por la nariz, cómo pasa por las fosas y mucosas nasales, cómo llena la cavidad nasal y pasa por la garganta, cómo se llenan y expanden los pulmones, cómo se hincha el pecho, cómo se dilata el diafragma y el abdomen. Se trata solo de observar, no de cambiar el ritmo de la inspiración y espiración, sólo contemplarla. No hay que forzarla, no hay que hinchar los pulmones más de la cuenta, ni hacer ninguna inspiración o espiración profunda, eso lo dejamos para otros ejercicios posteriores. Quizás el hecho de centrarnos en la misma nos provoque alguna alteración. Si el ritmo se altera, no debemos inquietarnos y lo único que hay que hacer es volver a observar, y recuperar su fluir normal. Puede que se agite o que vuelva a ser más pausado, puede que se acorte o alargue, puede que se vuelva más intenso, puede que sea muy regular o no. Observemos con interés. A veces una distracción o un pensamiento cruzarán por nuestra mente y nos encontraremos pensando otra cosa; resulta natural que la atención se desvíe hacia las sensaciones corporales u otras sensaciones que emerjan y con ellas las ganas de cambiar de postura, levantarse o moverse. Cuando nos suceda simplemente volvamos a observar nuestro ritmo respiratorio. Es una dinámica muy simple y sencilla, que no es nada difícil de seguir. No importa las veces que nos distraigamos, sigamos observando, es cuestión de persistencia, de lentitud, sin otro objetivo.

Para finalizar el ejercicio, abriremos lentamente los ojos y nos fijaremos atentamente en lo que nos rodea.

No se trata de una práctica exclusiva de *mindfulness* o de la tradición Vipassana aunque sea plenamente representativa de la misma. De hecho todas las tradiciones budistas la comparten, las escuelas zen y del budismo tibetano, la siguen y practican. En realidad el origen está en la aún más lejos, en la antigua tradición yóguica, recordemos el concepto de *prana*. A las personas que asisten a clase de hatha yoga, es lo primero que se les dice y enseña. Pero hay que tener en cuenta que la mirada de la atención en la respiración es un elemento común y básico en otros lugares del mundo, en el Antiguo Egipto por ejemplo, o en muchas prácticas chamánicas. No debería extrañarnos, ¿no es acaso un hecho común a todo los seres humanos? Pensemos que respirar es lo que hacemos todos los seres humanos mientras vivimos, como seres vivos que somos; se trata de un acto reflejo y continuo y hacernos conscientes del mismo es participar de la intensa realidad que somos, de la naturaleza que nos rodea.

Hay personas que descubren todo un mundo de sensaciones insospechadas observando su propia respiración. Porque encontramos el gozo de respirar. Un placer inesperado, algo tan propio, continuo, que está ahí, que está desde siempre, y sin embargo tan desconocido.

> La observación de nuestra respiración es uno de los ejercicios más bellos que existen.

EL ACTO CENTRAL DE LA VIDA

Podemos sorprendernos por este ejercicio. ¿Observar nuestra respiración es meditar? Pues sí lo es. Tan sencillo y tan profundo al mismo tiempo. Respirar lo hacemos todos los instantes de nuestra vida, desde que nacemos hasta que morimos. Es la forma en que «conectamos» con la naturaleza, con el aire, con la vida que nos rodea y de la que formamos parte. Podemos pasar sin comer, sin beber, podemos pasar sin dormir, podemos prescindir de casi todo en este mundo, en esta vida, menos de respirar. ¿Aún podemos pensar que es un acto secundario, sin ninguna trascendencia? Lo hemos convertido en un hecho tan próximo y automático que no nos paramos a pensarlo. Es posible que muy pocas veces lo hayamos hecho. ¿Cómo es posible que nos pase desapercibido? Circulaba por internet una frase sencilla atribuida al Dalai Lama que simplemente decía: «Programa para hoy. Inspirar, Expirar, Inspirar». Bien pensado no se trata de ningún proverbio paradójico, con un mensaje en clave; se trata de una verdad lisa y llana, tanto que pasa desapercibida, e incluso puede por algo nimio o trivial. Y sin embargo, basta centrarnos un momento cada día en la respiración para empezar el encuentro con nosotros mismos.

> Es el acto más importante de cada día, el acto central de nuestra existencia. Cada mañana podemos empezar la gran aventura de descubrimiento interior que no parará nunca, simplemente sintiendo unos segundos la respiración.

No nos cansemos de pensarlo y de repetírnoslo. Lo podemos escribir en letras destacadas en nuestro diario o en nuestra agenda; centrarnos en la respiración tiene una gran intensidad. Nos recuerda lo que somos, lo que tenemos. Está ahí, a nuestro alcance, en cada instante de la vida. No solo es darnos un momento de quietud, es sentirnos llenos de vida. Una inspiración profunda, al aire libre, es tocar el cielo. Una espiración larga, en cualquier momento nos reporta quietud. ¿Por qué no le damos la solemnidad que se merece? Si somos personas creyentes podemos convertir ese acto en la mejor forma de oración, en la mejor manera de acercarnos a la divinidad. Si no lo somos, será la mejor manera de estar presentes en el mundo, en la naturaleza, en la realidad. Somos reales porque respiramos, cuando dejamos de hacerlo, cambiamos de estado, esa realidad desaparece; tal vez aparezca otra, pero la de ahora, la actual, nunca más. Volver a nuestra realidad es volver a sentir la respiración. Sentados en el trabajo, sentados en nuestra casa, sentados al volante de un coche, sentados en el cine o en el teatro, sentados frente a una pantalla de televisión o ordenador, sentados en el suelo, antes de leer, antes de estudiar, antes de empezar cualquier actividad, cuando nos preparemos para acabarla, sea cual sea la situación, pensemos un segundo en la respiración, sintamos el inspirar y el espirar. Basta un solo segundo al día para empezar. ¿Por qué no hacerlo, porque dejarlo para mañana? Ahora, en este momento, podemos practicarlo.

Ejercicio: Observar la respiración durante la jornada.

El siguiente ejercicio lo haremos como una prolongación natural del anterior. Podemos empezar cuando llevemos unos días ya con el anterior ejercicio, después que hayamos captado las primeras sensaciones nuevas, o bien experimentado algo atractivo, diferente. Puede ser que eso tarde en ocurrirnos; seamos sinceros con nosotros mismos, a fin de cuentas se trata de nuestra vida. Si vemos que en nuestro diario, tras pasados unos días, no hemos anotado nada significativo, sigamos practicando hasta que suceda. Cuando lo consigamos pasaremos al ejercicio siguiente.

Se trata de experimentar la observación del proceso de respirar a lo largo del día. ¿Cómo? Lo podemos hacer en momentos concretos del día. A primera hora al levantarnos, al acostarnos, después de vestirnos, cuando nos pongamos el pijama, cuando hemos salido de casa, después de almorzar, cuando cogemos el autobús, cuando entramos en el trabajo, a las doce en punto, cuando finaliza la jornada laboral, o simplemente cuando nos acordemos o pensemos que nos hemos propuesto hacerlo. Por lo menos una vez al día, si un día nos olvidamos no pasa nada. En el momento que escojamos, nos fijaremos en el ritmo que llevábamos. ¿Lo hemos hecho alguna vez? Seguro que sí, por ejemplo cuando corremos seguro que notamos un jadeo rápido y agitado, además de cansancio y palpitaciones; si subimos unas escaleras notaremos que el ritmo respiratorio se acelera. Pues se trata de eso, de notar, de observar, de fijarnos ¿es más rápido, es más lento? , ¿es agitado? , ¿es tranquilo?, cuando estamos sentados relajados, en el sofá de casa ¿qué notamos?.

Hemos comentado cómo hacer de la respiración el acto central de cada día, con solo un instante. Ahora trasladamos la observación que hacemos en nuestro rato de meditación, solos, relajados, recogidos a la observación de su fluir a cualquier hora del día. En principio mientras estamos solos, haciendo alguna cosa; o también cuando estamos en compañía, con alguien, pero sin hacer actividad conjunta, por ejemplo sentados en un sofá.

A lo largo de un día podemos hacerlo desde luego tantas veces como queramos. Si hemos decidido llevar un registro de nuestras experiencias, anotaremos lo que hemos descubierto de nuestra respiración a lo largo de una jornada. Por ejemplo, ¿cuál era el ritmo cuando estábamos tranquilos y relajados?, ¿cuánto nos dura la inspiración, cuanto la espiración? Y cuando estábamos agitados, ¿cuantas veces respirábamos por minuto? Es muy interesante irnos observando y percatando de las diferencias según sean las circunstancias en que nos encontremos, ya que después nos puede servir de gran ayuda para aplicarlo a voluntad, como veremos más adelante.

Este ejercicio es bueno intentar hacerlo durante siete días seguidos. Después lo podemos ir repitiendo un día cada semana durante varios meses. ¿Qué sentido tiene esta pauta? Por un lado, la de crear un hábito. De la misma forma que hasta ahora respirábamos y no nos percatábamos de ello, a partir del momento en que gocemos de este ejercicio, respirar ya no será lo mismo. Será un acto consciente, un acto que nos devolverá las riendas de nosotros mismos. Por otra parte, trasladaremos el ejercicio de meditación diario, que hacemos solos, en los instantes que estamos tranquilos, con su duración adecuada, a nuestra vida cotidiana, cuando hacemos lo normal en la jornada. Hemos dado así un paso importante, y conseguido al mismo tiempo que meditar no sea algo escondido o solitario, ajeno a lo demás. Como hemos comentado antes, este es el rasgo principal de la atención plena, no se trata de algo trabajoso, de algo complejo, sino de un método sencillo y próximo a todo lo que hacemos.

Ejercicio: Contar las respiraciones

Este ejercicio puede que no sea considerado propio de la atención plena, o al menos no todos los autores lo incluyen. Sin embargo, sí que lo es de muchas escuelas de meditación, budistas incluidas, y por lo tanto es recomendable hacerlo, ya que es otra forma diferente de trabajar la respiración.

Lo podemos alternar con el anterior. Cuando hayamos practicado el primer ejercicio una o dos semanas pasaremos a realizar este otro. Empezaremos igual que todos, unos breves instantes de silencio, después observaremos el proceso de inhalar y espirar unas cuantas veces, y después empezaremos a contar mentalmente respiraciones completas. Probaremos con diez conteos. Si nos descontamos o despistamos, volvemos a contar. Cuando lo logremos finalizamos el ejercicio. Es posible que lo consigamos a la primera. Si es así aumentamos el número de conteos hasta cincuenta el segundo día. Si sigue yendo bien, el tercer día aumentaremos otros cincuenta más, hasta conseguir los cien y así sucesivamente. Si en cambio, el primer día no llegamos a diez, el segundo día repetimos el intento; si no sale, lo hacemos el tercero, y así sucesivamente. Cuando hayamos conseguido por fin diez, al día siguiente intentamos diez más. Es decir, no hace falta aumentar o doblar el número cada vez, solo progresar respecto al día anterior.

La idea es practicarlo siete días seguidos. El último día anotamos el número al que hemos llegado, y después cada mes lo podemos repetir un día, por ejemplo. El propósito del mismo es aumentar nuestra concentración. Si logramos diez conteos sin despistarnos, será todo un éxito; pero si hemos logrado menos, tras varios días, también lo será. Por supuesto habrá personas que consigan muchas más. No se trata de hacer ninguna proeza, ni ninguna competición, sólo de superarnos poco a poco. No hay prisa. Podemos incluso dejar este ejercicio y pasar al siguiente si eso nos causa tensión, si nos obsesionan los conteos. Nos hemos de sentir bien, nos hemos de encontrar satisfechos después de la práctica. Nuestro objetivo no está a corto plazo, está más lejos.

Ejercicio: Observar la cadencia de la respiración

Vamos avanzando. El próximo paso lo haremos después de llevar algunas semanas con los anteriores. Empezaremos siempre igual, un breve silencio, después observaremos la inhalación completa unas cuantas veces, y entonces nos fijaremos en la duración de la inspiración y la espiración por separado, contando mentalmente. Primero la inspiración. Por ejemplo: Uno-Dos-Tres-Cuatro, y después la espiración: Uno-Dos-Tres-Cuatro.

Aquí observamos el ritmo sin influir, sin pensar. Puede que varíe, sea más lenta, que la inspiración dure más que la espiración o viceversa; nos puede asaltar la idea de que somos nosotros la que la hacemos variar, o que al fijarnos la alteremos. Es posible, pero da igual. Simplemente seguiremos observando. Esto es importante, porque nos pueden asaltar pensamientos como «esto no sirve para nada», «no sé que estoy haciendo», o «me voy a poner nervioso», «no podré contar», o bien, «voy a controlar el ritmo», «soy capaz de hacerlo». Es un juego de nuestra propia mente, muy normal. Santa Teresa, en sus escritos hacía referencia a esa imparable evocación imaginativa llamándola «la loca de la casa». Los pensamientos pueden ser varios, incluso nos pueden asaltar imágenes, intenciones deseos, creencias. La única forma de superarlo es siendo indiferentes, observando sin más. En el caso que nos sea imposible el conteo, observaremos nada más, ya haremos otro día el ejercicio completo. Los ardides de la mente se esfuman si los eludimos. Si intentamos refutar con razonamientos la situación, podemos entrar en un diálogo mental, como dice Eckhart Tolle, entre las varias voces que hay en nosotros, y no se trata de eso.

Persistir en la exploración, ese es el objetivo del ejercicio. Seguir con la investigación de nuestra respiración, ejercicio tras ejercicio. Una profunda aventura personal. Hemos de llegar a experimentar sorpresa y emoción de nosotros mismos. Hemos de llegar a decirnos ¿cómo es posible que haya tanta diversidad, tantas posibilidades, tantas variedades en un acto reflejo al que no habíamos prestado la atención debida? Eso es atención plena.

EJERCICIO: ACRECENTAR LA OBSERVACIÓN

Este ejercicio es una variación de los anteriores. Si lo logramos completar, nos dará un goce insospechado. En primer lugar se trata de repetir el conteo; es decir contar las respiraciones pero con alguna diferencia. Lo haremos a lo largo del día, no en nuestro rato de meditación. Por ejemplo a la hora en que nos sentamos a comer o a cenar, a la que empezamos a trabajar, a la que llegamos a casa, antes de empezar a conducir, y después intentaremos contar por lo menos tres inhalaciones completas. Tal vez nos cueste el lograrlas si estamos acompañados; es más, al principio lo será. Quizás alguien nos diga, «¿estás despistado?», ¿te has distraído? Podemos responder que simplemente estábamos meditando. Con el tiempo las personas que nos rodean nos entenderán y comprenderán. Pero si nos causa una cierta tribulación, intentemos encontrar un momento de tranquilidad o soledad a lo largo del día para hacerlo y así poder concentrarnos. Es interesante que seamos persistentes y lo hagamos. Puede parecernos fácil, pero tiene bastante valor y contenido.

En segundo lugar, el paso que hay que dar es intentar conseguir ese conteo de tres respiraciones completas, en cualquier momento, en compañía de otras personas, y sin interrumpir la actividad que estamos haciendo, por supuesto siempre que no requiera nuestra ineludible concentración en ella. Por ejemplo, estamos oyendo una conferencia o escuchando una charla en nuestro trabajo, y hay un momento en que se interrumpe, aprovechemos ese momento para hacer los tres conteos; o estamos en medio de una reunión con varias personas, y ocurre que se producen varias conversaciones a la vez entre unos y otros, pues aprovechémoslo mentalmente y contemos las tres respiraciones. Hay muchas situaciones en las que lo podemos practicar, y a medida que lo vayamos haciendo nos resultará cada vez más sencillo en todas las circunstancias.

Este será un paso significativo y guardaremos un intenso recuerdo de su logro.

Un día de mindfulness *en dos pasos*

Hemos completado hasta aquí una forma de explorar y de contemplar la respiración. Si estamos convencidos de que la atención plena nos va a ir bien, si hemos decidido iniciar su práctica, si los ejercicios nos han convencido, ahora se trata de aplicarla a nuestras vidas. La atención plena se ha de ir construyendo en diversas etapas, añadiendo un pequeño progreso cada vez; la observación tiene tantos matices que hasta los meditadores expertos encuentran primicias en éstos ejercicios tan sencillos.

El primer beneficio de *mindfulness* empieza cada día al levantarnos. La mayoría de nosotros no llevamos una vida retirada, ni trascendente, ni tampoco una vida sin quehacer, ni somos monjes, ni somos adinerados. Nos tenemos que levantar cada día para trabajar, para estudiar o para buscar trabajo si estamos en el paro. También podemos estar jubilados o enfermos o discapacitados, pero tendremos nuestra labor y horarios que cumplir, bien por necesidad u obligación, o debido a las tareas imprescindibles que nos imponen las circunstancias. Recalquemos la palabra *exigencia* porque aquí empieza el cambio. Usamos con frecuencia en nuestro lenguaje expresiones como «otro día más», «otra vez tengo que hacer esto», «qué pesado que es madrugar», «cuánto deseo que llegue el fin de semana». Son tan comunes que damos por sentado que no hay otra forma de verlo y nos sentimos arrastrados por una corriente de labores o compromisos ingratos. Con la atención plena sentir despuntar un nuevo día no será un hecho común, tendrá un valor único, supondrá una oportunidad. Respiraremos. Así la perspectiva del hecho cambia, da lo mismo que sea fiesta o no, da lo mismo lo que tengamos que hacer, la tarea más rutinaria que podamos imaginar, da igual lo que tengamos que realizar. Para nosotros el solo hecho de estar vivos, de «estar», de respirar, ya es un gran suceso. Esa es la primera gran transformación que experimentamos. Desaparece el sentido de obligación y aparece el de motivación. Admitamos ese punto de vista, creamos en él, y nuestra vida normal ya no será una vida corriente, será es una vida especial, solo por el hecho de estar vivos, siendo como somos y haciendo lo que hacemos.

Para empezar a poner en práctica e integrar *mindfulness* en nuestra vida sólo tenemos que dar dos pasos muy sencillos:

Primer Paso. Buscar quince minutos al día en el que podamos estar tranquilos. Ese será el rato de meditación. Si hemos decidido que sea por la mañana, nos levantaremos un cuarto de hora antes, y si es por la noche, retrasaremos la hora. Sólo son quince minutos.

Segundo Paso. Buscar tres o cinco minutos durante la jornada para aplicar *mindfulness* por lo menos una vez. Por ejemplo en el rato que caminamos al salir de casa hacia el trabajo o viceversa.

Es un buen comienzo, ¿verdad? Para empezar sólo dos pasos y veinte minutos de nuestro tiempo. Una inversión pequeña pero un gran rendimiento final. Lenta pero persistente.

Podríamos seguir con más ejercicios sobre la respiración, pero con estos son suficientes para empezar. Pasemos a elaborar un programa de acción, combinando los ejercicios de este primer tema. Por ejemplo, nos podemos marcar un plan de cinco semanas de la manera siguiente:

> La primera semana realizaremos sólo la observación de la respiración, en el rato y lugar que hayamos determinado. Ese será el principio de la meditación.
>
> La segunda semana, y una vez aposentado el ejercicio, pasaremos a observar la respiración durante el día, iniciando la atención plena diaria.
>
> La tercera semana introduciremos en el rato de meditación el conteo de respiraciones y seguiremos con la atención plena durante el día.
>
> La cuarta semana pasaremos a observar la cadencia de la respiración en el rato de meditación y continuaremos el contacto durante el día.
>
> Por último, en la quinta semana, completaremos el ciclo y observaremos la cadencia todo el día, será un contacto de más intensidad durante la jornada.

Este es un ejemplo. Podemos elaborar nuestro propio plan con otros plazos, siguiendo esta u otra pauta, de más o menos días o semanas. Dependerá de nuestro ritmo. También lo podemos compartir con los amigos, y hacer puesta en común de las experiencias. A partir de la quinta semana, o de la que hayamos considerado de práctica de la atención plena, habremos encontrado el ritmo de respiración que seguimos cuando estamos tranquilos y sosegados. Eso nos servirá como punto de referencia. A partir de ahora se tratará de inducirla, es decir, intentemos sentir ese ritmo cuando lo necesitemos, cuando tengamos que descansar, después de una dura jornada, en medio de una reunión ajetreada, cuando sintamos el agobio, el estrés, o cuando por propia iniciativa deseemos estar recogidos, libres. Pongamos la atención en nuestra respiración, en nuestros sentidos; eso nos hará sentirnos cómo estamos en los momentos de paz, de quietud, según marca nuestro propio ritmo. Una cosa nos llevará a la otra de modo natural. Así, cada vez que respiremos sentiremos fluir por dentro una sensación de bienestar, de tranquilidad que no nos abandonará, porque está dentro de nosotros, forma parte de nosotros. Más adelante indicaremos otro modo de lograrlo, simplemente poniendo la atención en nuestras percepciones. Ahora hemos dado un primer paso importantísimo. En cualquier momento del día, en cualquier circunstancia que nos agobie, sintamos el paso del aire por nuestro organismo, sintamos cómo fluye por nosotros. Conectemos con la respiración por unos instantes y la armonía y el sosiego retornarán a nosotros, liberando a la mente de la cualquier presión.

Este pequeño primer programa nos proporcionará el impulso necesario para continuar con el resto de ejercicios. Si no estamos seguros del todo, no importa. Tenemos tiempo, repitamos los ejercicios anteriores otras cinco semanas. Nos debe guiar la convicción de que a través de la respiración hemos iniciado un camino sin vuelta atrás.

Segundo Tema: Presencia

El primer tema nos ha convertido en unos estudiosos de nuestra propia respiración, que continuará el resto de nuestras vidas. Por si solo, este pequeño paso constituye un gran éxito, un gran progreso. Respirar ya no será para nosotros el ejercicio automático que venía siendo. Constituirá una fuente de placer y alegría que nos acompañará siempre. Habremos comprendido el significado de aquella sencilla frase: Inspirar y Espirar.

La segunda propuesta de ejercicios está enfocada a sentirnos y a percibirnos, a sentir la presencia, a sentir el Ser. Así como el primer tema iba encaminado a despertar la autoobservación o la contemplación de uno mismo, ahora seguimos con la experimentación de la presencia de nosotros mismos.

Las personas somos un organismo vivo, que interacciona con el entono, que toma oxígeno y emite dióxido de carbono, que irradia calor, que desplaza aire al moverse, que altera el entorno sin parar. Nuestro cuerpo se agita. Nuestras manos tocan objetos, los modificamos, los manipulamos, las terminaciones nerviosas registran datos, las células de la piel nacen y mueren. A la vez nuestro cerebro no para. Ha de estar vigilante, en vilo. Su valor y poderío reside en eso. Sirve para mantener a la especie, para que los individuos sobrevivan en condiciones adversas. Por eso no para de procesar la información que le llega de los órganos sensoriales, imágenes, sonidos, aromas, frío, calor; y la mente continua recordando, pensando, creando ideas, emocionándonos. A cada instante considera, evalúa, descarta, conjetura todo tipo de indicios externos e internos. Todo eso a la vez. Cientos de acciones y reacciones a cada momento, a cada instante, sin cesar.

¿De cuántas de ellas somos conscientes «Ahora»?

Ejercicio: Examinar el cuerpo

Empecemos la dinámica con un ejercicio típico de la atención plena, aunque en otros libros se plantea un poco diferente de cómo lo haremos aquí. Se suele llamar examen corporal o *body scan* en inglés, es decir escanear el cuerpo, como si pasáramos un analizador de modo secuencial que recorriera el cuerpo de abajo arriba. Se trata de situar, de dirigir la mirada y el pensamiento a cada una de las partes de nuestro cuerpo. El comienzo de los ejercicios siempre será igual, unos breves instantes de silencio, para centrarnos, dejando que se escampen fuera de nosotros las emociones, los pensamientos, las sensaciones que llevamos encima. Luego observaremos la respiración, lo haremos sentados, unas cinco o seis inhalaciones completas. Entonces empezaremos dirigiendo nuestra atención al cuerpo, primero a las extremidades inferiores e iremos ascendiendo, dedos de los pies, empeine, talones, pantorrillas, rodillas, muslos, caderas, sin prisa, con calma, mientras tranquilamente vamos respirando. Si nos perdemos, si la mente revolotea, volvamos al último lugar que recordemos o bien volvamos a empezar. No hay prisa. Luego seguiremos por el tronco, la cadera, el abdomen y el diafragma. Al llegar aquí, nos centraremos en las manos, los dedos, las palmas, las muñecas, antebrazos, codos, brazos, hombros; seguiremos por el pecho, costillas, cuello, y ascenderemos a la mandíbula, boca, nariz, orejas, pómulos, ojos, cejas, cabellos y acabaremos dejándonos hundir en el centro de nuestra cabeza. Aquí terminaremos, sintiendo la globalidad y la totalidad de todo nuestro organismo. Poco a poco, volveremos a centrarnos en la respiración, y abriremos los ojos, y miraremos lo que nos rodea.

> La dinámica del ejercicio es la observación, a la vez que nos concentramos en el cuerpo, tratando de percibir cada músculo, cada parte de nosotros.

Descubrir el cuerpo

Este ejercicio es hermoso por sí solo. Después de unos días de examinar nuestro cuerpo, quizás descubramos que es algo más de lo que hasta ahora hemos creído. Tal vez nuestro cuerpo se desnude y se nos muestre tal como es. Tal vez no sea tan superficial como creemos, no sea algo que nos atrae y deslumbra con sólo mirarnos en el espejo. Tal vez esconde una realidad mucho más profunda. Tal vez sea un complejo mundo de informaciones de la que no somos conscientes,

¿Cómo es posible que esto tan simple sea meditar?, ¿cómo es posible que el examinar nuestro cuerpo sea un ejercicio de meditación? Pues sí que lo es. Hay alguna cosa más recóndita que lo que hemos aprendido. Muchas veces nos creemos identificados con nuestro cuerpo sin saber muy bien lo que es; porque simplemente estamos en él, es la imagen que vemos reflejada, es lo que sentimos al movernos, es algo «que llevamos puesto» sin más. Somos nosotros, somos el cuerpo en una palabra. ¿O no? No nos lo hemos planteado nunca. ¿Es así, de verdad, realmente?, ¿es esa nuestra verdadera identidad?

Pensemos por un momento. Si estamos cansados, nos sentamos, lo hacemos porque «nos lo pide el cuerpo»; si tenemos hambre o sed, comemos o bebemos porque «nos lo pide el cuerpo»; nos duchamos o bañamos en una piscina o en el mar porque «sentimos placer en el cuerpo», lo mismo podríamos decir de otras muchas cosas que hacemos, de un manjar exquisito para el paladar, de una buena bebida, de practicar un deporte, etc., solamente por y para nuestro cuerpo. Hasta aquí, lo tenemos claro. ¿Seguro? ¿Estamos sintiendo de verdad a nuestro cuerpo? ¿Estamos «oyendo» lo que nos dice?

Extensión del ejercicio

Después de realizar esta practica durante una semana o más, podemos probar un desarrollo de la misma; una forma de complementarla que no es puramente atención plena o *mindfulness* en sentido estricto. Consiste en lo siguiente. Cuando ya llevamos un tiempo contemplando o escaneando nuestro cuerpo de la manera que lo hemos hecho con un ritmo adecuado, atentos, tranquilos, sin distracciones, y tras hundirnos en nuestro cerebro y sentir la totalidad del organismo, daremos un paso más. Continuaremos el ejercicio de observación con nuestros órganos internos: garganta, pulmones, corazón, estómago, intestino, y sentiremos el fluir de todo el aparato circulatorio que nos envuelve y rodea. Acabaremos abriendo los ojos y mirando nuestro entorno con atención.

> El hecho de centrar nuestra atención en los órganos internos, en observar garganta, pulmones, corazón, etc., ya nos aporta beneficio.

Es posible que durante el repaso consciente de nuestro cuerpo sintamos o experimentos ideas como, «me duelen los pies» o «debo hacer ejercicio», observando nuestros pies o nuestro abdomen; o por ejemplo «tengo que ir al dentista» cuando examinemos la boca, o bien, «mis músculos son fuertes y robustos», «mi rostro es bello»; o tal vez al pasar por la espalda, pensamos «tengo que ir al medico ya que me duele», «quizás sea del asiento del trabajo», «debo pedir que me lo cambien». Pueden aparecer multitud de pensamientos así, según cada circunstancia particular. Es un hecho normal, aunque no del todo conveniente. Al principio sobre todo se nos despiertan más; la incógnita de lo novedoso juega a su favor. Hasta que adquiramos un ritmo de observación y sensación persistente no irán disminuyendo. A pesar de las ideas que aparezcan o que nos distraigan, lo importante es seguir con el ejercicio y acabarlo por completo. No le demos importancia aunque nos sorprendan. Si la idea persiste y no hay forma de apartarla volvamos a empezar con el ritmo de repaso y observación otra vez.

Hasta ahora tal vez habíamos pensado que no tenemos forma de ser conscientes de nuestros órganos internos. Ni tampoco que pudiera existir una comunicación interna con ellos. En realidad sí que hay vías. Y la ciencia nos lo dice. Existe la propiocepción, un sentido de orientación interno, que nos permite conocer la posición y disponibilidad para el movimiento de nuestros músculos; la percepción que tenemos de nuestro propio cuerpo y de nuestros movimientos. Es decir la propia percepción. Lo que el fisiólogo Walter Cannon denominó el «medio interno». Se habla de pensamiento propioceptivo, una comunicación entre mente y cuerpo. Está relacionado con la cenestesia (no confundir con la cinestesia o kinestesia) que es una sensación general de la existencia y del propio cuerpo, independiente de los sentidos normales. Se menciona también la «imaginación cenestésica» para alentar el pensamiento corporal. Hay por tanto vías de comunicación interna o sentidos internos. Existe también la interocepción o percepción de las sensaciones corporales internas.

Por eso, no nos debe extrañar el que digamos que con este ejercicio podemos comunicarnos con nuestro cuerpo a través de sentidos que no atendíamos, de «voces» que no oíamos.

Entonces ¿estamos seguros de que conocemos a nuestro cuerpo? ¿Entendemos siempre el mensaje que nos envía? Cuando es de elevada intensidad no nos cabe la mayor duda. Si nos damos un golpe, nos hacemos un corte, o tenemos un dolor entonces está claro, de hecho se trata de un mensaje de alarma, o de emergencia para advertirnos de que algún peligro nos amenaza y debemos prestar la debida atención. Así nos ha programado la naturaleza y la evolución, es una cuestión de supervivencia. Pero en otras ocasiones, en circunstancias más normales, la información que nos envía no acaba de llegarnos, termina en algún rincón olvidado de nuestro cerebro. Se trata de advertir y descubrir esa vía a través de la exploración y atención tenaz hacia nuestro organismo. De reconocer esa información que tal vez debería hacernos reflexionar y motivarnos hacia un cambio de actitud.

¿Es este ejercicio una manera de relajarse?

Esta pregunta es muy interesante porque no mencionamos en ningún momento la palabra *relajación* en estos ejercicios. Pero sin duda es muy similar al que aplican algunos métodos de relajación, repasando mentalmente diversas zonas del cuerpo para irlas relajando progresivamente; se hace así por ejemplo en el ya clásico entrenamiento autógeno de Schultz; aunque hoy en día hay muchísimas técnicas de relajación, asociadas también a la sugestión o autosugestión que usan métodos parecidos. El aprendizaje de la misma es diferente del de la atención plena, en la que solo se trata de mirar o examinar. Para saber relajarse primero hay que saber la diferencia entre el binomio contracción-distensión o actividad-reposo a nivel muscular y luego trasladarla a nivel mental. Los deportistas lo saben muy bien. Hoy se enseña en muchos lugares y profesiones. La situación nos puede parecer la misma, pero no lo es. La diferencia se comprenderá mejor cuando hablemos de la atención plena en movimiento más adelante. En este caso, si nos movemos o estamos haciendo algo, no estamos relajados porque habrá alguna parte del cuerpo en acción y no distendida; en cambio sí que podemos estar observando esa misma parte, percibiendo su tensión en el momento que lo hacemos según la atención plena, a pesar de que no esté relajada y sin modificar su situación.

En el caso de que estemos estirados, que es una de las posiciones en que se suele recomendar la observación del cuerpo, la observación puede inducir la relajación y viceversa. Antes de realizar cualquier ejercicio tenemos que ser conscientes de lo que pretendemos. Si tenemos dudas, recurramos a un instructor que nos guíe y muestre las diferencias, y entonces lo veremos más claro. Este consejo es aplicable a personas entrenadas sin desmerecer su conocimiento para lograr un mayor rendimiento. Por tanto, si sabemos relajarnos, porque nos hemos entrenado o aprendido previamente, podremos realizar mejor esa observación del cuerpo, ese *body scan* de manera más fácil. Es decir, se puede combinar perfectamente la relajación con la atención plena si estamos entrenados en ambas. No hay inconveniente en probarlo y hacerlo. Ambas disciplinas son diferentes pero complementarias.

Ejercicio: Meditar caminando

La actividad principal de nuestro cuerpo es el movimiento; mientras estamos despiertos siempre movemos algún músculo, algún miembro de nuestro cuerpo; incluso si estamos sentados sin hacer nada, nuestros ojos se mueven, observando, mirando alrededor. Pensémoslo. Al movernos, el cuerpo adopta posiciones diferentes; se trata de poner la atención en cada una de las sensaciones corporales de ese movimiento, a la sensación del pie al posarse sobre el suelo, al hecho de doblar la rodilla para alzar la pierna, al alzar la mano para coger algo, o al hecho de estar de pie. Así durante cinco minutos. Empecemos primero por practicarlo en nuestra casa. Cuando estemos solos. Por ejemplo, los cinco minutos que estamos en la cocina, en el aseo, mientras hacemos la cama u otra tarea sencilla del hogar. Después pasemos a realizarlo fuera de la misma, en el camino para coger el tren o el autobús, en el trayecto para comprar el pan o el diario; puede ser también si estamos parados esperando que llegue el transporte. Poco a poco encontraremos esos cinco minutos caminando solos, que luego podremos aplicar si vamos en compañía; por ejemplo al llevar a nuestros hijos a la escuela, o mientras nos dirigimos a coger el coche junto a ellos. Y por supuesto en nuestros paseos, solos o acompañados.

Al caminar trataremos de ser conscientes del movimiento a medida que caminamos. Lo primero es pensar en los pies. Sentir los pies alzarse y posarse en el suelo. Sentir el tacto del zapato con el suelo. Lograremos experimentar muchas sensaciones, desde los dedos, al tobillo; cómo se amolda todo, cómo se acomoda al suelo si es blando, o cómo se desliza si es duro. Hagámoslo en distintas superficies, calzados o descalzos. Abrámonos a las inmensas sensaciones que nos llegan pisando la arena de la playa, o la hierba del jardín o el parque, se nos abrirá un mundo de infinitas posibilidades, de las más variadas experiencias. Podemos luego pensar en las piernas, las rodillas, cómo se alzan, cómo se transmite el contacto del pie con el suelo a través de ellas, cómo llega hasta el tronco, cómo después avanzamos o si nos detenemos, cómo nuestro cuerpo cae suavemente y se para. A partir de ahora caminar o dar un paseo ya no será una acción compulsiva y pesada, se volverá un ritmo de sensaciones placenteras y tranquilas. El paseo junto al mar o en un bosque constituirá una observación sensorial única cada vez, sólo sintiendo los pies y respirando, y después sonriendo y sintiéndonos bien.

> Cuando llegamos a un estado de atención plena podemos sentir nuestra presencia caminando paso a paso.

Un acto tan común y tan continuo, y a la vez tan profundo y variado al mismo tiempo. Si durante la práctica nos distraemos, hecho muy normal al principio, volvemos a observar el movimiento en el punto que lo hacíamos. La meditación en movimiento también se ejercita en el taichi, en la tradición hindú, y en otras prácticas; también con en el baile, recordemos las hermosas expresiones de la mística sufí a través de la danza derviche. Con el tiempo, desarrollaremos la conciencia plena de las sensaciones en todo el cuerpo al caminar y las distracciones irán disminuyendo. Serán cinco minutos de plenitud corporal que podemos combinar con la respiración. Basta hacer una inspiración y al espirar desplazar la atención hacia los pies. Cuanto más percibamos las sensaciones, más tranquilos y relajados nos sentiremos. Esto lo podemos aplicar para combatir el estrés, que luego trataremos. Pero imaginemos que tenemos prisa, algo común en nuestra forma de vida, y hemos de andar rápido para llegar a tiempo. En la situación normal estaremos preocupados, y nuestra atención se irá a pensamientos como «voy a llegar tarde», «me están esperando», «voy muy lento». En lugar de eso, sigamos andando ligeros pero sintamos los pies, las piernas, el cuerpo, del modo que hemos dicho antes; veremos como todo coopera a que suceda lo mejor para nosotros, con tranquilidad.

Si hemos llegado hasta aquí, tras haber ido realizando los ejercicios semana tras semana, este ejercicio ya no nos parecerá tan extraño. Al contrario, nos parecerá una maravilla. Quizás antes de leer el libro no se nos habría ocurrido la idea de que sería posible meditar caminado, algo tan normal, tan del día a día. Ahora entendemos la sorpresa del discípulo al maestro, ¡pero si esto es lo que hago cada día! La meditación es hacer lo que hacemos cada día, en cada momento. No tiene más misterio.

EJERCICIO: MINDFULNESS EN CADA MOMENTO DEL DÍA

Esta practica es una de las más interesantes de toda la atención plena, de hecho podríamos decir que es el corazón de la misma. Vamos a trasladar el ejercicio de contemplarnos caminando, a nuestra actividad diaria, en momentos concretos del día de la misma forma que lo hicimos con la respiración en un ejercicio anterior. A primera hora, cuando hemos salido de casa, después de almorzar o cuando empezamos el trabajo. O también podemos fijar para ejercitarnos un momento de la jornada, unos cinco minutos, tiempo que podremos ir ampliando a medida que adquiramos soltura.

El ejercicio anterior lo extendemos a la vida diaria. Las posibilidades son infinitas y estimularán nuestra creatividad. Veamos algunos ejemplos:

> Cuando nos sentemos en el lugar de trabajo pensaremos en nuestra espalda, nos fijaremos en la posición que adoptamos; pensaremos en todo nuestro cuerpo y todas las sensaciones que nos lleguen.
>
> Cuando nos sentemos en nuestro coche para conducir, haremos lo mismo y pensaremos un instante en todo lo que vamos a hacer, tocaremos el volante, sentiremos los pedales con los pies. Un acto que nos recordará la importancia de la acción que emprendemos.
>
> Cuando nos levantemos por la mañana de la cama, pensaremos en cada movimiento que hagamos, los pasos que damos. Esto nos puede ayudar a despertarnos con más rapidez de lo habitual. El acto de levantarse y acostarse deben ser muy significativos a partir de ahora.

> Cuando nos vistamos sentiremos las prendas, su tacto y su calor. Pensemos en cómo nos sentimos en lugar de cual es nuestra imagen con la ropa que llevamos.
>
> Cuando subamos o bajemos escaleras, pensaremos en nuestros pies y piernas, sentiremos las rodillas doblarse; sintamos el balanceo de las piernas, el esfuerzo que hace la musculatura, el desplazamiento de todo el cuerpo.
>
> Cuando nos lavemos las manos, sentiremos el agua caer y fluir entre los dedos, las gotas que resbalan por ellos. Una sensación placentera, reparadora.
>
> En cualquier actividad manual pensaremos en las manos, en los brazos, en los movimientos que hacemos.
>
> Cuando empecemos la actividad laboral de cada día pensaremos en aquella parte del cuerpo que usamos. Si tecleamos frente al ordenador, pensaremos en nuestros dedos, en nuestras muñecas.

Es la belleza de la atención plena, de la plena conciencia en nosotros mismos. Un ejercicio muy simple, sobrio, fácil de realizar. No hay ningún secreto. Esto es meditación.

Quizás nos sorprenda de que usemos de nuevo la palabra *meditación* para esta practica; si todavía dudábamos después de la primera sorpresa en los anteriores ejercicios, seguro que podemos responder a la pregunta típica que como principiantes nos haremos: ¿Y para qué?, ¿cuál es el beneficio de hacer lo que cada día hacemos?». La respuesta nos la daremos nosotros mismos ya que empezaremos a ver la vida de otra forma. Descubriremos la majestad de cada pequeño gesto. Nos irá inundando una sensación de plenitud en cada acción, una sensación de felicidad sólo haciendo lo que hacemos cada día.

Este es el propósito de la atención plena. Lo expresa muy bellamente el monje Thich Nhat Hanh en el siguiente pasaje:

> «Según el Sutra de la Atención Mental, mientras se friegan los platos uno debe estar solamente fregando los platos, lo cual quiere decir que mientras se hace eso uno debe estar completamente atento al hecho de que está fregando. A primera vista puede parecer un poco tonto: ¿Por qué poner tanta preocupación en algo tan simple? Pero ese es precisamente el asunto, Quang. El hecho de que yo este aquí lavando las tazas es una realidad maravillosa. Estoy siendo totalmente yo mismo, siguiendo mi respiración, consciente de mi presencia y presente de mis pensamientos y acciones. No hay forma de ser zarandeado estúpidamente de aquí para allá por las olas. La conciencia no puede ser dispersada como la espuma en la cresta de las olas cuando se estrellan contra el acantilado.»

Dice también Karlfried Dürckheim:

> «Ya sea que caminemos, estemos de pie o sentados, que escribamos, hablemos o estemos en

silencio, que ataquemos, ayudemos o sirvamos, hagamos lo que hagamos, cada acto lleva en sí la posibilidad de realizarlo con una postura y una actitud que pone cada vez más de manifiesto el contacto con el ser».

Diálogo corporal

Este ejercicio tiene una variante y se trata de la observación y diálogo con nuestro cuerpo. Vamos a poner un ejemplo, supongamos que nos duele la rodilla. Haremos el contacto general del ejercicio, y al llegar a la rodilla nos detendremos a contemplarla e intentar sentir alguna sensación; sintamos más plenamente, más profundamente, observando, atendiendo a cualquier percepción. No se trata de hacerlo con la mente juguetona, hay que despertar el sentido interno. Muchas veces el cuerpo nos manda un mensaje, las molestias leves de espalda son un ejemplo, un aviso. ¿Cuántas veces nos sentamos mal y no nos damos cuenta? En cambio si practicamos el examen corporal, cuando estemos sentados, «sentiremos» la voz de la alarma de nuestra columna que nos avisa que tenemos que corregir la postura; lo mismo con los pies y otros órganos. Por ejemplo, si tenemos digestiones pesadas, tal vez mientras comamos tengamos que examinar nuestro estómago y sentir lo que nos dice; es posible que no alerte de que algo empieza a no funcionar y dejemos de comer aquello que nos gusta pero que nos perjudica. Si estamos en compañía de alguien, a lo mejor le decimos «mi estomago me dice que no debo comer esto». A lo mejor nuestro interlocutor no nos entenderá y mostrará su extrañeza. O quizás no. ¿Es algo tan absurdo? Como hemos indicado antes, hay vías de comunicación interiores que no atendemos. El cuerpo tiene su opinión y no le oímos muchas veces, no le prestamos atención. Tal vez nos pida que practiquemos algún ejercicio, como nadar, o hacer tai-chi o Hatha yoga, o estiramientos para mejorar nuestra musculatura y sentirnos mejor, o correr y andar. Hagamos caso. ¿Por qué no dejar que nos ayude a decidir lo que es mejor o más conveniente para nuestro estado general? Puede que nos parezca un tanto absurdo, pero es efectivo. Otro ejemplo, estamos jugando o practicando nuestro deporte favorito; en un descanso, examinemos brevemente nuestro cuerpo, y sintamos lo que nos dice: si hay que seguir o parar, si podemos continuar. O por ejemplo si llevamos tiempo tecleando frente al ordenador, o estamos mucho rato de pie trabajando, examinemos nuestro cuerpo por unos instantes y veamos qué nos dice. Lo mismo con los órganos internos, por ejemplo nuestro corazón, o nuestro aparato circulatorio, mantengámonos unidos a ellos con ese examen, para «provocar» un diálogo, para despertar la comunicación interna, los canales que no oímos o no atendemos normalmente.

Extensión del ejercicio

Vamos a aplicar este examen del cuerpo para aumentar la sensibilidad, para contactar con nuestros sentidos.

Hagamos el examen del cuerpo como lo hemos descrito en el ejercicio anterior y al llegar a la cabeza, detengámonos en los sentidos externos:

Oído: Abramos nuestros oídos, simplemente oigamos lo que nos llega a través de ellos. Empezamos con una música agradable. Percibamos su tonalidad, sus variaciones, los sonidos de los diferentes instrumentos, de una manera indiferente. No se trata de pensar. Cuidado, no es decirnos «qué buen compositor», «que excelente pieza», «qué compases tan bonitos»; ni tampoco analizar la música con la mente. Tampoco se trata de dejarse llevar por las emociones de la melodía o de movernos con ella. Es verdad que existen formas de meditación que usan el baile o la música, pero en este caso no se trata de dejarse llevar, sino sólo de percibir.

Más adelante podremos seguir con otro tipo de música, en un jardín, en un bosque, o en una montaña. Percibamos los innumerables sonidos de la naturaleza, cómo entran por las orejas, resuenan en el oído interno y ascienden a nuestro cerebro. Un paseo por el bosque o la montaña estimulará tanto las sensaciones auditivas que nos resultará una experiencia de una belleza inaudita.

¿Y si se trata de ruidos insoportables o desagradables? Este ejercicio se puede repetir en muchas ocasiones; por ejemplo, vamos por la calle, caminando y alrededor nuestro sólo se oyen pitidos del claxon de los coches, motores de camiones o motocicletas, el traqueteo de las máquinas perforadoras en una obra, además del alboroto humano, voces, gritos, en fin lo que es habitual en muchas ciudades. En esos casos tenemos que centrarnos aún más en nuestro oído, tenemos que sentir profundamente los sonidos, podremos incluso ser selectivos y regular su intensidad, percibiéndolos con distanciamiento; incluso si alguien vocifera lo que hemos de hacer es centrarnos aún más en los sonidos. Podrá sorprendernos lo sencillo que es permanecer calmados en esas situaciones sólo poniendo nuestro punto de mira en los sentidos, en los sonidos.

Tacto. Para practicar el ejercicio del tacto tengamos algún objeto a mano en nuestro rato de meditación. Por ejemplo el lápiz que usamos para anotar nuestras experiencias; cuando hayamos practicado la observación de la respiración o el examen corporal, abramos lo ojos y cojamos el lápiz. Sintamos su textura, su dureza, su grano, su roce; sintamos lo que nos dicen los dedos de la mano; lo que nos transmite del objeto. Miremos ese color que nuca habíamos advertido. ¡Qué diferente puede ser ese objeto al que nunca prestamos atención!

Ejercicio: Curiosidad infantil

Antes hemos señalado cómo nos podemos servir del ejemplo de los niños al observar algo nuevo, que no han visto nunca, para entender la observación de la atención plena. Los niños quedan maravillados con cualquier objeto que ven por primera vez. Quedan absorbidos por la visión del mismo. Lo miran sin prejuicios, con la mente en blanco, sin intentar racionalizar. En este ejercicio se trata de que hagamos lo mismo que un niño, que imaginemos que lo somos y que lo apliquemos a cualquier objeto cotidiano. Basta con un solo minuto. Se puede hacer con cualquier utensilio, herramienta o material que tengamos en casa o a mano. Fijémonos en él. Abramos los ojos. Toquémoslo. Despleguemos los sentidos para observarlo. Busquemos alguna perspectiva diferente, algún detalle que nunca hayamos visto. Como si buscáramos el secreto que esconde. Por ejemplo una cuchara de café. Miremos su tamaño, su tacto, la marca que lleva, si refleja o no la luz. Ensanchemos nuestra imaginación, abramos la mente. Durante un minuto.

No hace falta prolongarlo mucho más, porque la fijación que simula la atracción por lo nuevo disminuye enseguida, y entonces nuestra mente hace lo que hace siempre, dar una opinión. Mirar los objetos cotidianos nos puede traer recuerdos emocionales. Quizás rememoremos algún episodio anterior de nuestra vida. O tal vez nos pueden evocar a las personas que los hacen. Prescindamos de esos sentimientos en la observación. Si son reiterativos, cambiemos simplemente de objeto.

Es un ejercicio fascinante y relajante. Está claro que la mente humana no puede prestar interés a todo lo que hay a nuestro alrededor, a la multitud de objetos de nuestro hogar, de nuestro trabajo. Es imposible. Debe fijarse en lo que es más importante. Así ha sido y así es, quizás esa es su principal función. Por eso si conseguimos dirigir su curiosidad a algo concreto, si logramos fijarnos en una cosa solo, nos fascina. Literalmente nos absorbe. Esto nos puede suceder de modo involuntario y ajeno al entorno. Es el caso, por ejemplo, del profesor que dialoga sobre un tema de manera tan concentrada mientras llueve, que no se da cuenta ni de la lluvia, ni de que el alumno se está mojando. O cuando estamos viendo un emocionante partido de fútbol y de repente se produce el tiro de un penalti, y quizás no percibimos que suena el teléfono en ese momento. Se trata de conducir a la mente de manera consciente y controlada hacia esos estados.

Sensibilidad interior

Otra extensión interesante de este ejercicio es combinarlo con otro derivado de la medicina tradicional china. Combinamos el examen de nuestro cuerpo con la respiración y los sentidos. Nos sentaremos en el lugar habitual de meditación y tras el silencio inicial, y el examen corporal, pondremos la atención en los latidos del corazón e intentaremos oírlos, sentir las palpitaciones, escuchar su sonido constante, las tonalidades que tiene, prestando suma atención. Al principio requerirá que estemos en un entorno silencioso, libre de ruidos de fondo, ya que nos parecerán débiles, incluso inaudibles, y tal vez no los percibamos; es posible que tardemos varias sesiones en lograrlo hasta que por fin los sintamos. Notemos su cadencia regular, su suavidad, sus variaciones, cómo se acompasa al ritmo respiratorio, el eco profundo que llena todo el cuerpo.

> Sentir los latidos de nuestro corazón es un ejercicio de una hermosura incomparable, digna de experimentar.

Cuando lo consigamos se nos abrirá la puerta de la sensibilidad interna; los canales de comunicación que antes mencionábamos. Es un descubrimiento positivo. Tendremos la impresión de haber encontrado un tesoro que teníamos en el paraje de donde partimos hacia un gran viaje, como en el protagonista de la novela *El Alquimista* de Paulo Coelho.

De repente se abre un mundo insospechado, justo a nuestro lado, a nuestro alcance, que nos va a reportar muchos instantes de alegría. Es a lo que se refería Mahatma Gandhi cuando hablaba de la «Voz Interior». Meditaba todos los días de su vida, incluso en la cárcel, o durante sus viajes por toda la India y por Europa, como recogieron sus biógrafos. En las graves circunstancias que le tocó vivir, en los momentos de crisis, se entregaba a esa meditación profunda, a esa voz interior; según cuenta él mismo, le aconsejó en todas las decisiones complejas y valientes que tomó para guiar a sus conciudadanos, antes y durante la independencia del Imperio británico, hecho que como sabemos le costó ser asesinado. O es el *Tolle Lege* (Toma y lee) de san Agustín de Hipona, la respuesta interior a una crisis existencial y de vida que le llevó a una profunda transformación humana, filosófica y espiritual; ejemplo para muchos, que inspiró a otros como a santa Teresa de Jesús, como nos cuenta en su autobiografía. Muchos autores narran experiencias de desarrollo personal después de coexistir con un conflicto durante un tiempo. La lista seria interminable. Al resolverlo, produce un efecto de indudable trascendencia, que puede ser calificado de muchas maneras, revelación, iluminación, conversión, superación, reconciliación; se trata de un proceso difícil de definir. Las interioridades del ser humano son un enigma. No hay ninguna receta para la solución. A través de la vía meditativa se puede canalizar, con la práctica y de una forma serena, esa tensión, ese choque de corrientes, para lograr un estallido controlado.

Lograr esa sensibilidad interior es desvelarnos a nosotros mismos. Una vez iniciado este recorrido hay muchas maneras de practicarlo y superponerlo en la meditación diaria. Aquel bloqueo mental que decíamos antes pierde su fuerza, en cambio aparece la alegría, la seguridad como compañía vital. Las antiguas tradiciones orientales y occidentales están llenas de ejemplos de cómo llegar a esa sensibilidad, y en la bibliografía final podremos avanzar en ese sentido. La propuesta final es buscarla como un objetivo o propósito, si es que nos convence esa intención, más allá de un simple ejercicio diario.

En este punto, el resultado de los entrenamientos realizados hasta aquí nos habrá dado diferentes maneras de organizarnos, de escoger los que más se adecuen a nuestra forma de ser, o que nos proporcionen mejores experiencias. Se trata de ir consiguiendo, modelando nuestro propio método, integrado en la vida personal, para que sea el que nos acompañe para siempre, es decir nuestra propia meditación.

Un posible programa como resumen del tema sería:

La sexta semana incluiríamos el examen del cuerpo dentro de la meditación diaria. Lo haremos durante un largo período de tiempo. Al igual que la observación de la respiración, es una parte de la misma.

La séptima semana pasamos a efectuar la meditación caminando de una forma breve, a observar y profundizar en la misma, poco a poco.

A partir de la octava semana realizamos *mindfulness* de modo completo, durante todo el día.

En un par de meses o tal vez menos habremos completado un programa de entreno en la atención plena. Luego podemos ir formando el nuestro propio, que podrá consistir en alternar los ejercicios propuestos según nos convenga o determinemos, durante otro numero de semanas posteriores. Estos ejercicios funcionan como la caída lenta de una gota de agua que puede llegar a moldear las piedras más duras y resistentes. En el caso del ser humano, en nuestro caso, también es posible.

Dudas que pueden surgir

En el desarrollo de cualquier dinámica siempre surgen algunas cuestiones sobre detalles de la misma. Veamos las más comunes:

¿Qué pasa si nos interrumpen en el rato de meditación? ¿Puede causarnos algún problema? Ninguno. Precisamente con la atención plena no tenemos que aislarnos, ni concentrarnos; hay que buscar el recogimiento y la tranquilidad pero no el aislamiento. De hecho después de un tiempo de ejercicio, los ruidos externos se vuelven objetos sin influencia en nuestro estado. Busquemos como primer objetivo el rato diario.

Hoy no hemos podido meditar ¿influye en algo? No. A veces nuestra situación laboral o personal en un día se puede ver perturbada en su horario habitual y eso nos puede impedir realizar las actividades normales, incluidas la meditación. Un viaje, una enfermedad, u otra ocasión inesperada, alteran el ritmo normal. No afecta para nada a la dinámica que hemos empezado. Con el tiempo se convertirá en un hábito positivo. Cada día nos atraerá por los beneficios que acumularemos.

Si no hemos podido meditar en el rato habitual, ¿podemos cambiar el horario? Sí. *Mindfulness* se puede realizar en cualquier lugar y hora. Aunque es mejor seguir una regularidad no importa que la variemos. Es más, al principio puede que nos suceda a menudo hasta que adoptemos nuestro propio ritmo. Cualquier ocasión en que dispongamos de esos quince minutos es buena, por ejemplo en una interrupción del trabajo. Antes de empezar a conducir un vehículo podemos tomar contacto con nosotros mismos. El lugar y el horario no nos condicionan, quizás solo al principio, con la práctica no importarán. Lo importante es habituarse.

¿Hay que preocuparse si únicamente nos podemos concentrar unos segundos en la meditación? No. Lo más normal es que sea así. La mente suele dar mil vueltas. Está siempre ocupada. El cerebro en vigilia está activo siempre. Y así debe ser. Es importante que durante la práctica no luchemos contra las ideas que surjan, sino que intentemos buscar las sensaciones, de la respiración, del cuerpo. Una y otra vez. Los meditadores expertos consiguen poco a poco arañar segundos adicionales de honda concentración. Pero no nos debe obsesionar. Si perdemos la atención, volvamos a sentir la respiración. Esta idea llevémosla siempre con nosotros. En cualquier ocasión que tengamos a lo largo del día, sigamos el flujo de la respiración. La concentración es un elemento que al aumentar irá reforzando la meditación en todos los sentidos. Hay escuelas que le dan gran importancia y motivan su desarrollo. En el caso de la atención plena, el devenir de la misma conlleva su progresivo aumento sin necesidad de focalizar el esfuerzo.

Tras varias semanas de práctica, ¿hemos de esperar que nos suceda algo? No. No tiene que pasar nada extraño. Esta es una idea agarrada a la meditación. Más bien al contrario, lo que hemos de esperar es que recuperemos el valor de las cosas del día, que nos abramos más a lo cotidiano, que nos asombren los objetos que usamos frecuentemente. Es decir, que si algo extraordinario o fantástico debe suceder sea recuperar la importancia de los actos diarios.

Tercer Tema: Aceptación

La última propuesta se centra en la aceptación. Si hemos llegado hasta este tema tras haber llevado a la práctica los ejercicios anteriores vamos a cultivar el nivel más complejo del despertar de la atención plena. No son más difíciles que los anteriores, lo único que su comprensión requiere un cierto condicionamiento de la mente. Habrá personas que puedan pasar directamente a ellos, por ser meditadores experimentados en otras disciplinas, pero es mejor que sigamos la evolución natural. La aventura que hemos iniciado, la aventura interior, no nos incita a ir rápidos si no a seguir nuestra propia melodía. Una música que una vez iniciada no parará...

Entre las recomendaciones que hace Kabat Zinn para seguir la práctica de la atención plena hay tres interesantes: tener una mente de principiante, ser paciente y constante y cultivar el desapego. La primera implica ser curiosos o en cierto modo volverse niños curiosos, además de tener apertura mental. Estar dispuestos a recibir, a comprender sin prejuicios ni condiciones. La segunda es la base de cualquier progreso. Y la tercera es la que está íntimamente ligada a la aceptación. No puede haber aceptación sin observación, comprensión y distanciamiento.

Empezamos con la observación, seguimos con la presencia y acabamos con la aceptación, los tres conceptos de *mindfulness*.

Ejercicio: Contemplación emocional

Entramos ahora en el complejo universo de las emociones. Alguien calificó el conjunto de las emociones humanas como un océano. En verdad es así. Si hay una tormenta intensa, sus efectos pueden ser terribles, incontrolables, todo está desbordado, ha de pasar tiempo hasta que todo se calme; pero si hay quietud total, la vida no es real, no tiene chispa. Lo mejor es que exista movimiento, agitación, circulación en su justa medida para que la vida prospere en un medio fértil e intenso, y si llega alguna tormenta, que sea leve y ligera.

Para realizar este ejercicio conviene llevar varias semanas practicando los anteriores, por lo menos unos meses. Si no es así, no nos arriesguemos; volvamos a la respiración, a contemplarla con calma, a examinar nuestro cuerpo, a sentirlo; y cuando hayamos consolidado ambas prácticas lo haremos con este.

Lo podemos hacer, como en los anteriores, en momentos concretos del día; pero en este caso hemos de observar nuestro estado de ánimo. Habrá ciertos momentos en que estemos solos en que sentiremos, por ejemplo, calma o inquietud, pereza o entusiasmo, y empezaremos por éstos.

El propósito es seguir avanzando y ver lo que sentimos cuando nos relacionamos con los demás: en el trabajo, con la familia, con los amigos, con vecinos o conocidos. O con el vendedor del periódico, el conductor del autobús, o cuando nos acordemos al tratar con alguna otra persona, por lo menos una vez al día. Como en ejercicios anteriores si un día nos olvidamos no pasa nada. También puede ser cuando vemos la televisión, oímos la radio, leemos el periódico o una revista, son instantes en que establecemos alguna relación emocional con el mundo y con personas, aunque sean lejanas a nosotras; por ejemplo, sobre lo que dijo o hizo un actor o un político, o lo que sentimos al enterarnos de una tragedia en otro país, como un terremoto, incendio, inundación, guerra, etc. En el momento que escojamos, nos fijaremos en lo que sentimos.

El listado de las emociones humanas es extenso. Las hay que relacionamos con aspectos negativos, como ira, rabia, odio, miedo, culpa, celos, ansiedad, resentimiento, envidia, vergüenza, hostilidad, humillación, angustia, indignación, inquietud, insatisfacción, irritación, frustración, tristeza, mezquindad, pena, pereza. Otras son más neutras, como, compasión, nostalgia, indiferencia, impaciencia, melancolía, apatía, curiosidad, decepción, hastío, desconfianza, recelo, desidia, resignación, duelo. Y otras son eternamente positivas, ecuanimidad, alivio, optimismo, regocijo, amor, cariño, ánimo, alegría, satisfacción, entusiasmo, pasión, seguridad, serenidad, empatía, solidaridad, esperanza, euforia, ternura, excitación, tranquilidad, valentía. Podemos estar de acuerdo o no con este sentido, que tiene muchos más matices. Lo importante es que consideremos que todas ellas son susceptibles de pertenecer a nuestro bagaje emocional.

Muchas de esas emociones a lo mejor no recordamos cuando fue la última vez que las experimentamos. Otras en cambio sí. Por ejemplo, puede que enseguida reconozcamos el cariño que sentimos hacia nuestros hijos o familiares, la satisfacción de haber aprobado algún examen, o la euforia al haber ganado nuestro equipo favorito o la inquietud por el trabajo. Consideremos por un momento qué tipo de sentimientos predominan en nuestra vida, después de llevar unos días con este ejercicio. Es aconsejable anotarlas porque la memoria nos suele hacer malas pasadas; por ejemplo, a lo mejor fui desagradable con la persona que me vendió el pan, porque no me cae bien, después ni nos acordamos; pero ese sentimiento está ahí; por eso la observación ha de ser imparcial, sólo ver lo que sentimos, y también ver el porqué, si lo hay. Estábamos de mal humor al ir a trabajar porque se puso a llover y no llevaba paraguas, justo en aquel momento cruzamos la acera con el semáforo en rojo, sin fijarnos en el coche que venía, cuyo conductor hace sonar el claxon, lo que provoca nuestra airada reacción. Bueno, pues no pensemos más, no le demos más vueltas, no justifiquemos ni nuestra postura ni la de la otra persona; nos hemos enfadado por una simple contrariedad. Fue así y nada más.

Conviene seguir con este ejercicio, repetirlo muchas veces. Tal vez nos asombremos de la cantidad de sentimientos que experimentamos, puede que no nos hubiéramos fijado en algunos de ellos. Cuando vemos las noticias en la televisión es un buen momento para observarnos por la cantidad de imágenes y situaciones que se nos presentan en pocos minutos. Tal vez sintamos lástima por los afectados de una tragedia en otro lugar, después enfado por los comentarios de un destacado político con el que no comulgamos, y luego satisfacción por un éxito deportivo de alguien que nos gusta, eso en unos minutos. Vayamos recordando o anotando todos esos pequeños sentimientos que pasan por nuestro ser, ya que los más fuertes no se nos olvidarán, dejan su huella en nuestra memoria, tal vez toda la vida.

EJERCICIO: CAPTURAR LA EMOCIÓN

El siguiente paso, después de algunos días o semanas, es analizar nuestro diario o las anotaciones que hayamos realizado de esos pequeños sentimientos; veremos que hay grupos de sensaciones comunes, en situaciones concretas que se repiten, en el hogar, con la familia, con los amigos o en el trabajo. Podemos repasar mentalmente más experiencias cotidianas y ver las que son agradables y las que no lo son, y asociarlas con estados de ánimo. Por ejemplo, jugar con los hijos puede asociarse a regocijo; planchar la ropa puede asociarse a pereza; la lista será muy larga, volvamos a tomarnos nuestro tiempo.

A continuación, se trata de incorporar la observación a nuestra meditación. La secuencia será por ejemplo, silencio, observar la respiración, examinar el cuerpo. Como ya tendremos la suficiente experiencia habremos encontrado el ritmo adecuado para hacerlo sin pausa y sin distracciones. De ahí que sea aconsejable llevar unos meses de entrenamiento. No hay necesidad de apresurarse. Cada cosa lleva su tiempo, y en temas de meditación las prisas son malas consejeras. Pensemos que si hemos llegado hasta aquí tendremos suficientes nociones de lo que supone la atención plena, hasta el punto de que se ha despertado en nosotros un interés activo, pero calmado. Hemos de sentirnos seguros, relajados, alegres, llenos de vida; de modo que nuestro rato de meditación sea motivador, atractivo. En caso de que no sea así, es aconsejable volver al principio y rehacerlos todos, o contactar con un instructor o experto que nos Oriente.

Volvamos adonde estábamos. Todo el proceso nos tiene que llevar el mismo tiempo de siempre, a medida que agreguemos temas, los anteriores los adaptaremos para que la duración total no sea más de la que nos hemos propuesto. Cuando acabemos el contacto con el cuerpo, y nos hundamos en la mente, pensaremos en aquel grupo de emociones que hemos anotado y nos centraremos en una. Por ejemplo, imaginemos que hemos anotado irritabilidad; ¿cuándo no sentimos así?, ¿en qué situaciones, dónde, con quien estábamos? Si se trata de una discusión con nuestro hijo o hija, revivamos la escena en nuestra mente, observándola, poniendo atención en todos los detalles de la misma. Así, si íbamos a la escuela con él o ella, ¿qué hacíamos?, ¿qué dijimos?, ¿qué mirábamos?, ¿cuál fue el dialogo? Hemos de hacerlo sin emitir opinión, es decir sin juzgar, sin pensar, como si la escena pasara por delante de nosotros como una película. No se trata de opinar, o de averiguar las causas, o de buscar una solución; dejemos que la escena llegue a su fin, que discurra a su manera, tal cual pasó, sólo hemos de observar todos los detalles, el máximo de detalles. Cuando nos situamos en una escena descubriremos que nuestro recuerdo es selectivo; si nos enfadamos con alguien e intentamos rememorar lo que sucedió quizás sólo recordemos las palabras ofensivas que la otra persona nos dirigió; los demás detalles se nos habrán olvidado. En la observación de las emociones con la atención plena intentamos abrirnos a todo, como si fuéramos ajenos; ver el conjunto, percatarnos del mayor número de pequeños detalles de lo que sucedió.

Insistimos en que lo importante es prestar la misma atención que cuando observamos nuestra respiración. Pero aquí el artificio mental es más complejo. A lo mejor cuando contemplamos la escena, pensamos, «que raro estaba yo en aquel momento», o también «vaya personaje con el que me toco enfrentarme», o «no me extraña que me pusiera así» nada de eso nos debe engañar, hemos de mantenernos ajenos a ello, sin juzgar, ni opinar, ni racionalizar nada, solo dejar que fluya, y no entrar en ninguna consideración. Puede que se nos dé otra circunstancia, y es revivir la situación, la contrariedad; quiere ello decir que vuelven a aflorarnos las emociones intensas de aquel momento; por ejemplo, si tuvimos un disgusto agudo, igual nos vuelve su reminiscencia, otra vez sin control; en ese caso, volvamos a observar la respiración, hasta que se disipe ese sentimiento. Si vemos que eso nos sucede a menudo, reiniciemos la observación de la emociones, por hechos agradables y de poca trascendencia en nuestra vidas, así durante unas semanas, hasta que la observación nos sea inocua y sobre todo agradable. Si a pesar de todo persistiera, tenemos que dejar este ejercicio y limitarnos a los anteriores; lo mejor será contactar con un terapeuta o instructor que nos ayude. La atención plena nos debe conducir a estados de plena satisfacción, a pesar de que lo que observemos sean hechos conflictivos o desagradables, una cosa es lo que observamos y otra es el observador, aunque seamos nosotros mismos. Esa es la dificultad de la que hablaba Krishnamurti y que hemos citado; y que en el siguiente ejercicio aplicaremos. Con éstos ejercicios intentamos comprender y asumir esa capacidad de autoobservación.

El principio del conflicto

La relevancia de las emociones en las personas ha sido destacada por neurólogos como Antonio Damasio, y psicólogos como Daniel Goleman. Influyen en nuestro comportamiento, no solo en las relaciones humanas, en muchas de las decisiones que tomamos incluidas las que afectan a nuestro trabajo, en la esfera de lo personal y en la vertiente colectiva; como hemos indicado antes, cada vez más se destaca su importancia y se tiene en cuenta en las relaciones sociales, laborales y políticas. Antes se hablaba de reprimirlas, ahora se habla de asumirlas en la vida. Eso es lo que logramos con la atención plena, la integración del lenguaje emocional en nuestra persona; encauzándolo y dándole la forma adecuada. El primer paso es descubrir las que imperan en nuestro comportamiento, las que dominan nuestra forma de ser, de modo evidente y de modo oculto. Eso es lo que hemos practicado. Después toca moldear la mente emocional, haciendo que predominen las más beneficiosas para nosotros. Cuando hayamos identificado de las que queremos prescindir o eliminar su influjo nocivo en nosotros, nos toca estar atentos a su aparición. Por ejemplo, si deseamos eliminar sentimientos de intolerancia hacia personas de otra etnia, estaremos atentos a su aparición, y cuando lo hagan, imaginaremos los sentimientos opuestos, es decir la tolerancia, la condescendencia, y el respeto. Pensaremos en esas personas con imágenes, ya que es la expresión emocional más intensa. Hemos de imaginar una danza en torno a una llama interna, en la que ambos sentimientos contrarios bailan, se funden, y desaparecen en el fuego brillante. Es decir, combatir su aparición con deseos opuestos siendo inalterables a sus efectos.

Hacia la comprensión

A lo largo del libro hemos usado la palabra *distanciamiento* varias veces; aquí lo vamos a experimentar. Sin duda alguna será un gran descubrimiento, algo satisfactorio; pero a la vez nos llevará a preguntarnos: «¿quién soy yo realmente?», es decir «¿somos nosotros cuando vivimos los sentimientos pequeños o sólo cuando lo hacemos con los más fuertes y poderosos? ¿Somos nosotros cuando sufrimos o cuando reímos? ¿Somos nosotros cuando nos enfurecemos o cuando nos entusiasmamos?».

La respuesta a estas cuestiones no es sencilla, ya que el tema de las emociones es largo y profundo. Nos puede llevar semanas o meses, hasta que hayamos contemplado las diversas emociones que discurren por nuestra mente, mientras mantenemos una actitud ecuánime y relajada. Al principio será difícil, es cierto. No abandonemos aunque nos cueste; luego veremos que las emociones también pueden aportarnos un hallazgo mayor de lo que pensamos. Quizás pensemos que hay emociones que sólo nos pasan de vez en cuando. A medida que vayamos practicando la observación de las emociones cambiarán algunas de esas impresiones. De eso se trata, pero para llegar a este punto hemos de ser pacientes y sinceros con nosotros mismos.

Ejercicio: Observar al observador

La siguiente propuesta de este entrenamiento es una combinación de la contemplación del cuerpo y la de las emociones a lo largo del día. Consiste en que en los momentos que decidamos, observemos los pensamientos que pasan por nuestra mente. De esta forma habremos completado el proceso completo, y observaremos la totalidad de lo que somos. Fijémonos que primero hemos partido de la respiración; es una primera toma de conciencia del «aquí y ahora» y al mismo tiempo un vislumbre del yo, o del «yo soy», del verdadero yo, no esa imagen parcial que nos hemos ido forjando. Después hemos pasado a observar el cuerpo, en todas sus facetas, una parte importante de nosotros, la básica, pero no la única. El siguiente paso ha sido contemplar las emociones, los impulsos. Los sentimientos que llenan nuestro día a día, con más importancia de lo que creemos y que influyen poderosamente en nuestras decisiones, como se está encargando de demostrar la psicología. No nos hemos preguntado nunca «¿de dónde salen esos sentimientos?, ¿por qué hay algunos que no nos dejan, que no podemos eludir?, ¿por qué a pesar de los esfuerzos que dedicamos a que desaparezcan, resurgen una y otra vez?». Estamos hablando de situaciones normales, no de situaciones incontrolables que requieren su tratamiento profesional. Por ejemplo, ¿por qué nos ponemos nerviosos antes de un examen o de una prueba?. Y ello a pesar de que nos hemos intentado relajar, a pesar de que nos hemos autosugestionado de que todo irá bien, a pesar del ánimo que hemos recibido de amigos y familiares y a pesar de que nos hemos preparado concienzudamente. Podemos ayudarnos de muchas formas, de muchas maneras, pero lo que hacemos muchas veces es combatir los síntomas. Podemos pensar «me saldrá bien», «estoy bien preparado», y repetirlo una y otra vez. Sin embargo en el fondo, muy en el fondo, hay una insinuación que se resiste a desaparecer y que cuando nos despistamos aflora y nos dice, «te va a ir mal», y su eco se escampa por nuestra mente y cuerpo, llegándonos a causar malestar e incluso angustia, igual que el estrés. Nos domina y provoca en nosotros esas reacciones emocionales que hemos observado.

Naturalmente, deseamos encontrar el motivo, la clave de por qué reaccionamos de la manera que lo hacemos. Seguramente nos habremos dado cuenta que en algunos casos observar las emociones no nos ayuda a superarlas. Aunque por suerte con la mayoría sí que va a sernos posible mejorar las situaciones; a veces por el solo hecho de hacerlo ya se consigue; y el ejercicio de observación nos reforzará y estimulará su orientación hacia nuestros deseos plenos. Para el resto de casos y para seguir conociéndonos a nosotros mismos, la observación de lo que pasa por nuestra mente es crucial. Va a ser un adiestramiento para el resto de la vida, un ejercicio que llevaremos siempre con nosotros, nos acompañará en nuestros ratos de meditación, nos acompañará a lo largo del día y se convertirá en un proceso de investigación profundo. Como hemos dicho, consiste en que observemos los pensamientos que pasan por nuestra mente, por ejemplo en esa situación previa a un examen o a una prueba, o antes de enfrentarnos con un reto personal, o con una entrevista delicada, con un problema que no sabemos cómo resolver que nos persigue, observemos al pensador, observemos al observador. Es un ejercicio fascinante y lleva su tiempo. A lo mejor no nos gustará lo que encontremos, no nos gustará saber cuáles son nuestros miedos o lo que nos limita. Lo único que hay que hacer es aceptarlo tal cual, aceptar lo que descubramos de nosotros mismos, con tranquilidad, con ecuanimidad, y en especial sin emitir juicio. No es una tarea fácil, por eso lleva su tiempo.

El problema reside en el embrollo del mismo proceso de pensar sobre el pensador. Podemos caer en un engaño, en un autoengaño, una habilidad de nuestra mente para no aceptar la verdad y convencernos de los supuestos sobre los que hemos cimentado nuestra autocomplacencia con tintes irreales. La ilusión que crea ese discurso de la mente, «la voz en la cabeza» como muy bien dice Eckhart Tolle, llega a tal punto que la identificamos con nosotros mismos. Esa confusión entre el ser y el discurso de la mente está recogido de una u otra manera en las diferentes tradiciones y en muchos pensadores. En el *Poder del Ahora*, dice el mismo autor:

> «Para decirlo con más precisión, no se trata tanto de que usas la mente equivocadamente, generalmente no la usas en absoluto, sino que ella te usa a ti. Esa es la enfermedad. Crees que tú eres tu mente. Ese es el engaño».

Es el conocido concepto hindú de *maya,* que significa el velo que cubre, la energía ilusoria del engaño. Equivocamos la constante ebullición de ideas y sensaciones, el cóctel incesante de imágenes, recuerdos, impresiones, con el «yo autentico». El primer paso es descubrirlo y ver la diferencia. Las antiguas tradiciones y los pensadores que han sondeado el problema proponen diversos métodos para lograr aquietar o parar ese discurso constante y revelar la autenticidad que existe al eliminarlo por unos instantes. Ese es el descubrimiento que indica Eknath Easwaran y que se realiza a través de la meditación. Lograr el silencio, el vacío, el estado de quietud mental, ni que sea por segundos, es la chispa de la iluminación. A partir de ahí quedamos prendados por la auténtica verdad. Es un tema de difícil racionalización porque todavía no entendemos cómo funciona nuestra mente. Hemos logrado avances científicos de notoria importancia, hemos descubierto grandes sorpresas sobre la constitución de la materia y el origen del Universo, hemos puesto el pie en la Luna y llegaremos más lejos aún, a otros planetas más lejanos. Conseguimos grandes progresos en medicina y en biología para vencer a las enfermedades o erradicarlas y para prolongar la vida humana; realizamos intervenciones quirúrgicas impresionantes, secuenciamos el ADN y sabemos cuál es nuestro origen y evolución sobre el planeta. Pero esos adelantos científicos y técnicos no han ido acompañados del mismo nivel de conocimiento sobre la naturaleza psicológica del ser humano.

Ejercicio: Adherirse a la esencia

¿Adonde nos lleva este camino?, ¿cuál es la conclusión final de este último conjunto de temas, propuestos en esta tercera parte?, ¿nos lleva a la aceptación de la realidad, cuyo paso previo es la aceptación de nosotros mismos?, ¿es esta la etapa final de todo el progreso de la atención plena? Llegados a este punto, tenemos que sentirnos honestos e imparciales con nosotros mismos para seguir avanzando. Por eso ya no hablaremos de etapa final, sino de un continuar indagando sobre nuestra personalidad, que implica conocerse, descubrirse, observarse y fijarse en todo lo que somos. La aceptación acaba el círculo y a partir de ahí vuelve a empezar el proceso, observarse, estar presente, aceptarse, volver a observarse y así sucesivamente. A medida que el círculo se va cerrando se transforma en una espiral de crecimiento vertical cuyo diámetro disminuye con la altura, se va haciendo cada vez más estrecha, porque en cada paso, se reducen las distancias entre la observación, la presencia y la aceptación. Todo va unido.

Los sabios griegos nos lo decían. Sócrates nos lo recordaba: «Sólo sé que no sé nada». En el templo de Delfos estaba escrito: «Hombre conócete a ti mismo». El conocimiento de uno mismo es un largo camino a recorrer. Nos estaban avisando de que no es algo fácil de hacer. Sí que podemos pensar «Yo me conozco», «sé quien soy yo». Pero si aplicamos el principio de honestidad, de ser ecuánimes ¿no hay más interrogantes que certezas en esa afirmación? La conformidad en un estadio nos limita porque limitamos nuestra capacidad de conocimiento. Por eso una de las decisiones que hemos de tomar es volvernos inconformistas con nosotros mismos e intentar cambiar los patrones que rigen nuestra vida. No importa la edad que tengamos. El ser interno no tiene límites, «Ser» en una palabra, con todo su significado profundo nos lleva a expandir cada vez más la conciencia de Uno mismo. La reflexión sobre la aceptación puede ser el primero de todos los ejercicios, pero es preferible dejarla para la parte final, tras haber realizado la mayoría de los mismos. Vamos a poner un ejemplo del punto de su especial complejidad. Supongamos que tenemos una dificultad con un alimento, un dulce que nos gusta con delirio. Hemos intentado muchas veces sobreponernos al deseo de consumirlo y hemos sido incapaces; cada vez que alguien nos lo ofrece no podemos rechazarlo, si pasamos cerca de una tienda y está a la vista, entramos para comprarlo, sólo cuando no lo vemos es cuando no nos agobia el antojo. Supongamos que hemos probado otras técnicas para superar esa leve adicción. Ahora, tras algún tiempo de ejercitarnos en la atención plena en la que nos hemos observado con el dulce en la mano, en la que nos hemos contemplado comiéndolo, no podemos sobreponernos al deseo.

¿Pero los ejercicios de la atención plena no nos iban a ayudar en estas pequeñas cuestiones? ¿O no es así? Vaya paradoja.

Bueno, igual que hemos mencionado un alimento puede suceder con otros alimentos o con otras cosas, con otros deseos de otro tipo, confesables o inconfesables, siempre que sean cosas pequeñas, no trastornos graves que requieren otra terapia profesional. Y al igual que ahora hablamos de la atención plena, puede habernos sucedido con otro tipo de entrenamiento, con la relajación, la sugestión, y otras técnicas. Hay un momento, al comienzo siempre, que parece que vamos muy bien, nos entusiasmamos, creemos que ya nos hemos superado, pero después volvemos a las andadas. Eso provoca que vuelvan las ideas irracionales, vuelvan los despropósitos. Primero nos decimos, «esto no sirve para nada», pero luego pensamos: «no tengo solución». Y nos vuelven los deseos incontrolables, como si no hubiéramos hecho nada, como si en vez de un paso adelante hubiéramos retrocedido. Esas vicisitudes nos desmoralizan, hasta puede que dejemos todo el entrenamiento y no podamos continuar. Podemos ir de una técnica a otra cuando vemos que no nos superamos y creemos que no mejoramos. Y así dando tumbos.

El punto crucial en todo este proceso de conocimiento está en la aceptación de nuestra realidad. En aceptarnos a nosotros mismos. Es el paso que más cuesta y el paso que nos priva de mayor libertad. Hablamos de aceptación no de enfrentamiento. Esto es importante, porque muchas veces lo que hacemos es tratar de enfrentarnos a esa imagen que nos hemos ido haciendo, a la que nos han dicho, a la que hemos visto actuar a los demás, a la que nos han enseñado otros, y en realidad no se trata de eso. Podemos ser expertos en meditar, podemos ser grandes maestros de muchas artes, pero este paso puede que nos cueste darlo. Si lo planteamos como una lucha, aparecerá un miedo existencial, un miedo muy fuerte de nuestro ego a perder su prebenda del dominio sutil. Porque visto así realmente nos enfrentamos a nuestro autentico ego, y entonces nos puede retener, nos puede paralizar, por ejemplo en forma de un gran temor interno, a saber cómo somos en realidad, sin máscaras, sin fingimientos, sin velos. Enfrentarnos a la verdad desnuda, cuesta. Levantar el velo del *maya*, de la ilusión, es el paso decisivo.

El camino es aceptarnos cómo somos, para superar nuestros temores. La solución está en la Aceptación. Es el pequeño gran paso, el definitivo esfuerzo, la última gran penuria que debe pasar el viejo ego que tenemos que vencer, para la virtual presunción que ha de dejar de reinar. Y esto es duro de asumir. El poder de aceptarnos a nosotros mismos en profundidad es la única forma de liberarnos, el último escalón antes de abrir la puerta final. La meditación de la aceptación nos ayudará a hacerlo de un modo progresivo y pausado. A levantar el velo ilusorio que oculta nuestra auténtica imagen, como hemos indicado. Pero para algunas personas ese descubrimiento puede constituir una experiencia muy fuerte que tendrán que encauzar. Hay muchos relatos al respecto. Es la caída del caballo de Saulo, ese impacto ese choque frontal a que nos obliga nuestro ser interno para romper el hechizo que nos envuelve.

> La aceptación consciente es levantar el velo que enclaustra nuestra imagen y revelar la esencia.

EJERCICIO: ROMPER LAS CADENAS

En el principio de la aceptación está la culminación de la atención plena. Y en el camino a la misma está el desapego. Es el principio de desapego que señala el párrafo mencionado del *Satipatthana*, el sutra de la de los fundamentos de la atención plena. También lo recoge el evangelio de Mateo cuando a Jesús se le dirige un joven, quien había cultivado realmente todos los pasos para alcanzar la iluminación, excepto uno. Ese último fue incapaz de darlo: «Va y vende todo cuanto tienes y dáselo a los pobres», le dice el Maestro. Pero no puede. No puede porque es incapaz de renunciar a lo que posee, porque se hallaba apegado a sus bienes. Es la parábola del conocimiento y progreso humanos. Un apego al tener y no al ser, como dice Erich Fromm desde una perspectiva psicoanalista. Apego que se puede extender no sólo a los bienes, también a las emociones y afectos inmateriales. Se trata del apego emocional a una parte de nosotros mismos. Podemos estar apegados a infinidad de cosas, a nuestro conocimiento, al orgullo, a la ambición, a la comunidad, a la etnia, al país, a la religión, a un partido político, tantas cosas como el género humano haya inventado. También hay apegos que sólo existen dentro nuestro, recuerdos que nos persiguen, malas experiencias vividas, tendencias ineludibles que permanecen, ese conjunto que siempre aparece una y otra vez.

En el sutra mencionados, se nos invita a contemplar nuestro propio origen y desaparición, nuestro propio esqueleto, dice: «de igual manera si el monje estuviera viendo el cuerpo de un día, o de dos días, o de tres días, hinchado, azul, con llagas y úlceras, abandonado en un cementerio, exactamente así piensa de su propio cuerpo». Al margen de lo macabro o no que nos pueda parecer, supone el tener presente cual es nuestro destino, y lo importante que supone. Es otra chispa para encender esa luz, esa iluminación; no sólo a través de las palabras de Buda, sino en muchas tradiciones. En algunas mal llamadas fuentes esotéricas se nos invita a realizar una observación de nuestro propio funeral, ¿qué diría la gente que asiste al mismo?, ¿qué oiríamos decir a nuestros amigos, nuestros familiares, todos los que nos conocen? Naturalmente podemos hacer este ejercicio u otro parecido, pero en la línea de los que hemos señalado hasta aquí no hace falta adoptar esa trascendencia. Es preferible centrarnos en lo más cotidiano y despertar la presencia vigilante en aquello que nos encadena. Observemos de qué podemos y no podemos prescindir. A lo mejor son cosas simples. La taza del café a primera hora. La copa de vino o cerveza a la hora de comer. El trozo de chocolate a media tarde. Un programa de televisión. El partido de fútbol de los domingos. Algo simple que honestamente nos parezca irrenunciable y forme parte de nuestra forma de vida. Se trata de prescindir un solo día de ello. Romper la cadena que nos ata a algo en nada esencial pero que así nos lo parece. Requiere que seamos sinceros con nosotros mismos. Si no es así, no tiene sentido. Nunca se romperán las ataduras. Como tampoco lo tiene imponérnoslo al estilo de una mortificación. Es intentar un engaño superficial, pues el fondo de la cuestión no se resuelve. En el germen de ciertos comportamientos religiosos de austeridad se encuentra la misma idea, pero que con el tiempo y las malas interpretaciones han llevado a esos extremos de penitencia que no se justifican por sí solos. Podríamos hablar del ayuno no terapéutico, o de la privación de ciertos alimentos, al margen de su significado religioso o sociológico en el mismo sentido; así como de la búsqueda de ciertas formas de purificación. Al final, si se convierte en coacción, se olvida la verdadera raíz que la originó.

Romper con ciertos hábitos es la forma de empezar. Podemos realizar este ejercicio durante una semana seguida, aunque nos parezca imposible. Por ejemplo el primer día puede ser no tomar azúcar o dulces; el segundo no tomar carne, el tercero no tomar café, así hasta completar el ciclo. Puede que algún día fallemos. No pasa nada. La idea es la persistencia de la gota de agua. Después de los alimentos podemos pasar a las palabras, gestos o acciones. Por ejemplo, evitar las acciones o expresiones compulsivas de enfado al conducir o en el trabajo. Esto será más difícil si solemos hablar de una forma determinada; quizás no lo consigamos al primer intento. Pongámoslo como objetivo a medio plazo. El último paso es trasladarlo a las intenciones. Por ejemplo, si vemos que solemos discutir con alguien, en el trabajo o en casa de cualquier tema habitual, deporte, política o gustos culturales, intentemos no ser agresivos en nuestras opiniones. También se puede hacer con nuestras creencias íntimas. Por ejemplo con ciertos tópicos sobre las personas del otro sexo, sobre los jóvenes, sobre los ancianos. La lista sería larga.

El centro de gravedad mental

El fruto de este ejercicio realizado de modo continuado es la consecución de un centro de serenidad interno.

Un lugar en el que nos sentimos protegidos de los vaivenes emocionales y de las sacudidas de todo aquel objeto, idea, imagen o persona que intentan influirnos. No supone una salvaguarda de todo, ni para siempre; es un espacio mental donde somos capaces de conectar con la esencia de nuestro ser. En algunos libros de psicología actuales también se pretende esta misma idea revestida de otras maneras. A veces se llama el «yo central», o la «habitación mental». Un espacio de reposo interior. No nos libra de las dudas, ni de las indecisiones, ni de los errores; pero nos permite afrontarlas sin tapujos, con total libertad en sentido amplio, con franqueza y conocimiento. La imagen que nos podemos formar de ese centro es la de una cámara interna, como en el centro de una pirámide, o en la cueva de una gran montaña, donde no llegue ningún vendaval externo, ni nos alcance ningún rayo demoledor. Es el punto adonde dirigir nuestra mente cuando sencillamente estemos relajados o busquemos tranquilidad mental. Es la afirmación de la experiencia de encontrarnos a nosotros mismos, la manifestación de ese hecho fundamental que buscamos desde el principio.

La espiral del progreso

Hemos llegado al final de los ejercicios. A partir de ahora se trata de seguir nuestro propio programa. El objetivo final de estas propuestas de entrenamiento es vivir según la atención plena. Consolidar el rato de meditación en nuestra vida de forma que sea una costumbre. Ir incorporando otros temas. Temas de nuestra creación, temas provenientes de la lectura de libros, de cursos o conferencias a las que hayamos asistido, o de otras formas de meditación, disciplinas o prácticas que vayamos aprendiendo. Pensemos que *mindfulness* es una más entre todas las que hay. Fácil de aprender y sencilla de implantar en nuestra vida. Entre las demás también encontraremos algunas cuyos benéficos efectos se complementen bien y redunden aún más en nuestro favor. Es aconsejable que las probemos. Consideremos pues el ir profundizando en nosotros mismos, en aprender más, en leer otros libros y en seguir ese camino que hemos iniciado.

La estabilidad emocional y mental tiene sus vaivenes. La mejor forma de evitar que las crisis nos hundan y la euforia nos desborde es tratar de encontrar el equilibrio. A veces necesitaremos más apoyos. La lectura de aquellos libros que nos traen la inspiración en momentos de conflicto es uno de los mejores bálsamos para fortalecer y reponer la energía de la voluntad. Muchos sabios han dejado sus reflexiones para el bien de la humanidad, no sólo en las escrituras religiosas, ni únicamente los filósofos y pensadores, también novelistas, poetas, escritores y personas que han escrito memorias o testimonios de sus vidas o relatos de acontecimientos reales. Leer esos libros es fuente de reactivación de nuestro ser íntimo. Hay personas que leen y releen el mismo libro toda su vida, que les sirve de apoyo y estímulo; anotan aquellos párrafos y citas favoritas para los momentos bajos. Una poesía, un breve relato, una oración que nos impacta por su belleza, por su profundidad, nos infunde ánimos y proporciona fuerzas en los peores momentos.

Vamos a sugerir lecturas para continuar aprendiendo más de la atención plena o de meditación que figuran en la bibliografía final. La obra de Kabat-Zinn es sin duda alguna una excelente referencia. Fusiona aspectos científicos, literarios y religiosos con un lenguaje actual para la forma de pensar occidental, con un intrínseco valor sociológico. Su lectura es recomendable para descubrir todos los aspectos de *mindfulness*. También los de Nhat Hanh por su contenido sencillo y claro, que sería un clásico y referente del budismo en la forma de entender la atención plena; su lectura es igual de recomendable. La completa obra de Eckhart Tolle abarca multitud de aspectos, pero pone especial énfasis en los mismos que en la atención plena. Lo que es sin duda otro referente de lectura. La forma de meditación que propone Eknath Easwaran es también diferente, sin embargo en su forma práctica sigue un estilo parecido y por tanto es también digna de leer.

Es muy efectivo establecer una lectura a una hora determinada cada día, de aquel libro de hondo y rico calado que nos proporcione aliento y el coraje para vivir. No importa que sea ni de meditación, ni de atención plena, ni de psicología, ni de contenido religioso. Las ideas aprovechables están escritas de muchas maneras y las podemos encontrar en mil lugares diferentes, en libros, en revistas, en internet, en conferencias, en simples conversaciones. A medida que recopilemos conocimientos diversos, nuestra práctica se irá enriqueciendo. Por ejemplo podemos incluir en la meditación, mantram, rezos o frases que nos sugieran los valores que deseamos alcanzar, eso lo podemos hacer siempre que queramos. Llevar esa frase con nosotros constituirá una ayuda insustituible. No nos encerremos en ningún único modelo. Nos proporcionará mayor libertad.

III

Mindfulness para mejorar la vida

Si semana tras semana hemos logrado realizar todos los ejercicios, enhorabuena; hemos descubierto un mundo de infinitas posibilidades. La cuestión ahora es trasladarlos cotidiana. Hasta ahora nos hemos limitado a explicar qué quiere decir y cómo se puede ejercitar. Pero *mindfulness* no tiene sentido si no se vive.

El primer efecto que notaremos es que nos incrementa la calidad de vida. Ese es uno de los principales resultados del entrenamiento. La práctica de la atención plena nos ayudará a sentirnos bien en nuestras actividades cotidianas. Pensemos que debe ser así. No tendría sentido todo lo que hemos dicho sobre esta antigua practica, si desde el primer momento no participamos con atención en las actividades de la vida diaria como conducir, lavarnos los dientes, comer, limpiar la casa, abrir la puerta, entrar en la oficina, y el resto de cientos de cosas que hacemos a diario. Las habilidades de la atención plena adquiridas en los ejercicios han de ir formando parte de esas actividades, de un modo natural, y han de cubrir las diferentes facetas de nuestra vida, en el trabajo, en el hogar, comenzando por la atención a la respiración en cada momento u ocasión que tengamos.

Mindfulness ira generando en nosotros una actitud vital positiva, en el sentido que dice Antonio Blay:

> «Es vivir siempre y en todo momento conectado interiormente con nuestras cualidades centrales positivas, esto es, con nuestras cualidades intrínsecas de energía, de conocimiento, de amor.»

La consecución progresiva de una mayor conciencia de vivir tendrá una serie de efectos palpables en nuestra personalidad. A medida que vayamos completando etapas, y los estados benéficos sean más y más profundos, notaremos una serie de factores, todos ellos indicios evidentes de un cambio interior, algunos son:

Mayor sentido de la belleza: A medida que percibimos mejor las cosas apreciaremos mejor lo bello que nos rodea con más intensidad; el esplendor de la naturaleza, en las personas y en las cosas. Cuando miremos un espacio natural, un paisaje, o una obra de arte, veremos un conjunto mayor de detalles, observaremos mejor, comprenderemos mejor.

Mayor alegría, confianza y buen humor: Los detalles de la vida, por pequeños que sean, adquieren una dimensión nueva; los problemas ya no tendrán en nosotros el efecto, el dominio y la esclavitud anterior. Manifestaremos la alegría interior con un mayor sentido del humor, como expresión de ese goce interno.

Claridad de objetivos y su logro: Es interesante este punto ya que al abrirnos camino hacia nosotros mismos se descubren los verdaderos intereses que nos guían, y asumiremos lo que realmente deseamos; y lo que es mejor aún, los pasos que daremos irán armonizados con nuestros fines.

Un redescubrimiento de la fe o de las creencias: Si somos creyentes veremos nuestra religión con una óptica nueva, más profunda, más abierta, más universal; y si no los somos, al menos según el modo tradicional, las creencias que tengamos, sean las que sean, adquirirán sentidos y matices nuevos.

Mejora de las capacidades: Especialmente de las creativas, pero también de todas las demás. La capacidad de análisis, la deducción y sobre todo la concentración. También la comprensión, el raciocinio, la voluntad, la memoria. Desaparecerán esos estados de 'bloqueo mental', o sucederán en pocas ocasiones. Nuestro trabajo y nuestro estudio se volverán menos dificultosos.

Otro efecto de la práctica de la atención plena es el desarrollo de las habilidades sociales. El trato con los demás se volverá más fluido, libre de prejuicios, más tolerante, menos agresivo, más acogedor. Veremos a los demás como nos vemos a nosotros mismos. Los aceptaremos de la misma forma que nos aceptamos a nosotros.

Y, el último efecto pero no el menos importante, es que trae consigo la serenidad. Y el cultivo de la serenidad nos conduce a un aumento de la comprensión de la realidad (tanto externa como interna) y nos aproximará a percibir la realidad tal como es. A su vez la comprensión nos llevará a estar más presentes, y la presencia a mayor serenidad.

Lo importante a destacar es que esa profundización nos ayudará en la vida diaria, no nos separará de ella. Nos proporcionará un nuevo sentido de la realidad que nos ayudará en el trabajo, en los estudios, en la convivencia. No es de extrañar que esta «transformación» o «despertar» a través del trabajo de la serenidad sea de vital importancia o trascendental para muchos, tal y como lo demuestra la amplia bibliografía que existe, y que ha servido para que personas comunes ayuden a otros relatando sus experiencias y sus reflexiones cotidianas, y es el caso de este y otros libros.

El aprendizaje de la atención plena nos guiará poco a poco a cómo concretarlo en nuestras vidas. Hay muchísimos aspectos en los cuales se puede trasladar, y cada uno de nosotros descubrirá la mejor manera de hacerlo. A continuación vamos a destacar algunos de ellos que benefician o que contribuyen a la mejoría de la vida en general. Para empezar destacaremos tres el estrés, el tiempo y el descanso. Forman un círculo vicioso, cuanto más estrés hay en nuestras vidas, descansamos peor, hacemos menos cosas de las que deseamos hacer y nos falta tiempo, eso nos estresa más, y así sucesivamente.

Veamos la importancia que tiene poder centrarnos en el momento presente de un modo activo, procurando no interferir ni valorar lo que se siente o se percibe en cada momento.

Mindfulness *y el estrés*

Hoy en día, el estrés es un problema social. El mundo es sabedor de sus efectos. Nos vamos a fijar en cómo prevenirlo. Es un punto que todavía está poco desarrollado socialmente, no así el tratamiento de sus efectos cuando estalla en la persona. El médico de familia nos puede ayudar a resolver un problema de estrés con fármacos que nos ayuden a calmarnos, a descansar mejor; el terapeuta, el psicólogo, el psiquiatra, también nos pueden indicar vías de resolución. Afortunadamente hemos avanzado en estos aspectos y los profesionales saben detectarlos. Habría que mejorar la prevención, evitar que explote, y para eso es necesario cambiar ciertos modos de proceder en el día a día.

Digamos, antes de nada, que al hablar del estrés en sentido peyorativo hablamos primero del exceso de estrés y segundo del estrés oculto. El estrés forma parte de la vida de la especie humana. Tener algo de estrés nos activa y ayuda a realizar muchas cosas. El problema es el exceso de estrés que es perjudicial para la salud en general. Además hay un estrés persistente que no genera molestias evidentes durante un tiempo. Es al que vamos a llamar *oculto*, y quizás no sea tan peligroso pero seguro que es nocivo.

Antes nos hemos referido a la importancia de valorar bien pequeñas situaciones tensionales a las que no damos relevancia. Por ejemplo, la espera en una consulta o en un hospital, hacer cola para comprar, para preguntar o para cualquier gestión. El viaje en cualquier medio de transporte público en horas punta, un atasco circulatorio inesperado que nos pille dentro. Una pequeña contrariedad en el hogar, una avería del vehículo justo cuando más prisa teníamos, un apagón eléctrico. La lista sería larga. Son sucesos que no valoramos como estresantes, pues los consideramos de poca importancia y de poca trascendencia. A diferencia de otros más evidentes, como muertes, enfermedades, rupturas sentimentales, pérdida del trabajo o importantes problemas laborales, accidentes graves que se suelen reconocer enseguida.

Por ejemplo, cuando esperamos en la consulta del médico, cinco, diez o tal vez treinta minutos, y nuestro cuerpo está en tensión, sin que nos demos cuenta; nuestra mente está yendo de un punto a otro, mirando la sala o a las personas que nos rodean; intentamos distraernos y pasar el rato, pero sólo logramos ponernos más nerviosos aguardando nuestro turno. En la cola del supermercado nos agitamos mientras pensamos que la de al lado avanza más, o creemos que la cajera es la más lenta. «¿Por qué se entretiene hablando?» «¿Porque no hace su trabajo más rápido?», pensamos mientras la tensión aumenta. Otro tanto sucede en nuestro trabajo habitual: está lleno de pequeños detalles que acarrean situaciones de nervios y agitación; si trabajamos en una oficina, por ejemplo, concentrados frente a la pantalla del ordenador con un cliente al otro lado del teléfono, y de repente nos llaman por el móvil para consultarnos algo urgente diferente de lo que hacemos, al mismo tiempo aparece nuestro jefe y nos interrumpe pidiéndonos una información aún más urgente, en ese momento recordamos una cita para dentro de diez minutos... Entramos en una espiral de problemas, de pequeños momentos de estrés que si se acumulan nos puede conducir a un estado de ansiedad, a comprender mal las cosas, a cometer errores, incluso a discutir con nuestros compañeros.

Mediante la atención plena lo primero que va a cambiar es que nos vamos a dar cuenta de lo que nos pasa en esas circunstancias, ya que estaremos presentes en ellas. A partir de ahora no los consideraremos transitorios en nuestra forma de vida y podremos descubrirlos, evitarlos y tratarlos.

> *Mindfulness* nos ayudará a descubrir el exceso de estrés oculto en nuestras vidas.

Tengamos presente que todos estamos expuestos al estrés. Esto incluye a los meditadores expertos. «¿Acaso la meditación no nos protege del estrés?» Esta pregunta es normal. Cuando uno aprende a relajarse, por ejemplo, y lo convierte en un hábito positivo en su vida, entiende esta pregunta y conoce la respuesta. Como hemos indicado, para desenvolvernos frente a los retos cotidianos es preciso un cierto grado de tensión, igual que ha de haber un cierto grado de emoción. La frontera entre lo conveniente y lo perjudicial no es fácil de divisar; cada uno la hemos de descubrir. Así incluso estando bien preparados y advertidos, la podemos rebasar, e ir acumulando el estrés silencioso. Lo que conseguimos con la atención plena, con la relajación o con cualquier otra actividad preventiva es evitar que se nos acumule en exceso, y lograr volver lo más rápido posible al punto de equilibrio, al punto de estabilidad física y emocional.

Digamos también que hay profesiones más expuestas en mayor grado al estrés silencioso. Suelen ser las que tratan con situaciones humanas: enseñanza, salud, seguridad. Es decir, el profesorado, la enfermería, o las personas que cuidan a enfermos o los cuerpos de seguridad son los que cuentan con el mayor número de bajas por estrés o ansiedad. Por suerte, la sociedad es más consciente de este riesgo, y ya no pensamos sólo en el estrés asociado por ejemplo a las ventas comerciales, a la dirección y gestión de empresas, a la consecución de objetivos o a la de resultados o a actividades que se desarrollan bajo una fuerte presión, y que por tanto sufren estrés de una forma más reconocida socialmente. Igual que se impone el control del estrés en las empresas también debería hacerse formación similar en las escuelas y universidades, como ya se hace en algunos lugares del mundo.

Contagiarse de serenidad

Mindfulness nos dará un impulso para adquirir los pequeños valores de los que impregnar el día al día. Pensemos una cosa que tal vez hayamos notado, pero sin darle la importancia debida: el nerviosismo de una persona se contagia a las demás. Pero ese contagio sólo sucede en nuestra mente, es un contagio mental. Es un virus que entra por los sentidos, y que con la atención plena podemos evitar. Un ejemplo, si estamos en una larga cola esperando el transporte público, y alguien ríe o cuenta un chiste, el resto de las personas se relajan. Si en cambio una persona se queja o critica y lo hace de forma desagradable, las demás suelen guardar silencio resignado ya que suele derivar en una agria e inútil discusión que no soluciona nada. Eso sucede también en los equipos de trabajo, en los equipos deportivos, en los grupos sociales, y en general en cualquier comunidad de personas. Si hay alguna que crea mal ambiente, al final el conjunto se contamina; no sólo por la inquietud o la irritabilidad, también por chismorreos, habladurías, rumores, y cualquier emoción negativa. Una de las funciones de los dirigentes, entrenadores, animadores, monitores, y responsables en general es evitar esas situaciones intentando crear buenas condiciones.

¿Por qué no contagiar y contagiarse de serenidad? Hagámoslo. Intentemos transmitir serenidad en cualquier situación haciéndonos más presentes en nosotros mismos, sintiendo la respiración, sintiendo nuestro cuerpo. Una aplicación directa de los primeros ejercicios. Pero además añadamos la sonrisa. Esa sonrisa que llevamos interiorizada en la meditación que nos infunde valor y coraje, y que a la vez podemos transmitir. Pensemos en el padre que intenta tranquilizar a sus hijos frente a un problema. Pensemos cuando queremos quitar hierro a una situación preocupante. Pensemos en las palabras de ánimo que comunicamos a algún amigo o familiar que pasa por un mal momento, por una crisis.

> Transmitamos sonrisas, serenidad, distensión, tranquilidad, paz.

Vivamos contagiados del virus del sosiego y la apacibilidad. Invirtamos las condiciones a nuestro favor. Emitamos sensaciones emocionales positivas de modo consciente y atento primero hacia nosotros, después a los demás. En este punto es básico que en nuestro interior emocional las vivamos. Puede ser algo parecido a la autosugestión. Por ejemplo, si queremos llenarnos de emociones de calma, repitamos la palabra «calma» o «quietud» varias veces, al estilo de un mantram o idea sugestiva. Lo mismo con cualquier otra emoción. Los libros de psicología nos dan ideas al respecto: llevar una tarjeta con la frase o idea impresa de la que queremos impregnarnos, rotular el espejo donde nos miramos cada mañana, poner una alarma en el ordenador o en la agenda electrónica, tener un adhesivo en la mesa de trabajo. Hay diversos métodos de estimular la memoria con los valores que deseamos.

La atención plena aporta algo muy significativo, nos ayuda a interiorizarlos aún más. Es posible que si nos repetimos la palabra «serenidad», la «voz que no calla» dentro nuestro lance insinuaciones como «eso no funciona», «no te vas a calmar», y que no consigamos disminuirla. De eso se lamentan muchas personas que usan la sugestión al estilo convencional y tal vez nos pase lo mismo cuando lo intentemos. Nos falta tener el convencimiento profundo, que viene de dentro. Apliquemos para lograrlo los ejercicios que hemos aprendido, la conexión con la respiración, la mirada hacia el cuerpo, y lo que antes hemos mencionado sobre la aceptación. Eso aumentará nuestra seguridad cuando deseemos imbuirnos de ideas, emociones, valores o pensamientos de un modo consciente, firme y seguro, porque actuaremos con plenitud.

PRACTICAR LA IDENTIFICACIÓN DE SITUACIONES

Para desterrar el estrés de nuestras vidas intentaremos identificarlo, descubrirlo, sacarlo a la luz, y hacerlo visible en nuestra experiencia. De esa forma se despertará otra alerta, y nos haremos conscientes de aquellas situaciones que nos llevan al estrés. Pensemos que todos estamos expuestos a sufrirlo. Vamos a ver una forma.

Usemos la observación que hemos practicado en el entrenamiento de un modo diferente. Para empezar vamos a trasladarla a las situaciones tensionales más evidentes, por ejemplo, ¿cuántas veces sentimos dolor de espalda como consecuencia de una mala postura prolongada? La solución puede ser tan simple como saber cambiar de forma de sentarse, de levantarse, de hacer estiramientos, de hacer relajación, antes de que la acumulación de que la tensión muscular estalle. Saber qué hacer y hacerlo. Paso este no tan evidente. ¿Cuántas veces sabemos que hemos de hacer algo tan simple como cambiar de posición o de asiento y no lo hacemos? Para superar el estrés y cualquier mal hábito, hemos de saber qué hacer y luego querer participar.

El siguiente paso es poner la atención en la observación de las situaciones tensionales latentes de nuestra vida. ¿Cómo sabremos cuáles son? Para descubrirlas nos apoyaremos en los ejercicios de atención plena, en la toma de contacto profundo durante el día. Nos observaremos, y vigilaremos en qué situaciones hemos tenido reacciones físicas y emocionales debidas al estrés, tales como dolor postural, dolor de cabeza, malestar, irritabilidad, ansiedad; o bien otras como sentirnos superados por las situaciones, dificultad para tomar decisiones, incapacidad para concentrarnos, olvidos (sin otra causa específica), lentitud para razonar, cambios de humor constantes, decaimiento, hostilidad hacia las personas próximas, angustia o inquietud por motivos insignificantes, disgustos o enfados seguidos, apatía o insatisfacción en las cosas normales. Es sólo una relación de algunos efectos emocionales que nos puede producir el estrés. Estando atentos podemos ver si somos víctimas de algunos de ellos o de otros parecidos. Una vez identificados es cuando podemos actuar. Esta vez de modo racional, reflexionando y analizando sobre las causas que nos han hecho reaccionar de esa forma o que nos han hecho sentirnos tan mal.

Pongamos un ejemplo. Supongamos que notamos un estado de nerviosismo leve cada vez que conducimos. Es algo muy frecuente. Llevar un vehículo es una tarea que los humanos llevamos haciendo hace muy poco, si lo comparamos con los miles de años de evolución de nuestra especie. Es una tarea de riesgo, requiere aprendizaje y estar en condiciones adecuadas. Internamente lo sabemos. Si todo va bien, si la conducción ha sido relajada, ese leve nerviosismo desaparece al acabarla. Pero si ha surgido algo inesperado, aunque sea sólo un susto sin consecuencias, va a tardar más tiempo. Y ese estado puede que nos acompañe en todas las cosas que hagamos después. A veces el recuerdo de algún percance pasado nos acompaña bastante tiempo, aunque creamos que no. Pero si identificamos esa situación como estresante, entonces podemos pensar qué hacemos para disminuir sus consecuencias en nuestro organismo. Habrá varias vías de solución. No conducir más y usar transporte público, es la más drástica. Pero podemos reflexionar sobre si necesitamos clases de apoyo, sobre si hemos de modificar los itinerarios u horarios o mejorar el vehículo. También podemos mentalizarnos antes de sentarnos a conducir, sintiendo el volante, sintiendo el coche, estando presentes en lo que vamos a hacer. Asumir que hay un riesgo antes de empezar, aceptarlo de modo sereno, respirando unos momentos. Es importante no sólo identificar la situación, también intentar recapacitar sobre la misma y luego querer hacer algo para resolverla.

Digamos algo sobre los síntomas físicos que se pueden asociar al estrés. Hay muchos y no siempre si los padecemos o los notamos pueden ser debidos a su causa. En caso de duda, lo mejor es recurrir a profesionales que nos ayuden a asegurarnos de que ese es su origen. Mencionemos algunos como rechinar o apretar los dientes, tics nerviosos, desajustes en la alimentación como comer o beber en exceso o lo contrario, dejar de hacerlo, fumar con mayor frecuencia, insomnio o problemas de descanso, —quizás el peor de todos—, pequeños dolores o molestias musculares sin otra causa específica. Son los más representativos.

CONTROL DE LA RESPIRACIÓN

A través de la atención plena hemos descubierto la maravilla de centrarnos en la respiración. Hemos dicho que existen muchos más ejercicios respiratorios de los realizados. Ahora utilizaremos otro, que está bastante indicado para enfrentarse a los efectos del estrés. Proviene de la práctica pranayama del yoga. El objetivo del mismo es controlar el flujo de la respiración. Lo podemos practicar durante la meditación diaria algún tiempo como complemento a la misma. O buscar otro rato durante el día para practicarlo, tantas veces como nos vaya bien. Primero observaremos la inspiración y espiración; después haremos el conteo mental mientras inspiramos, luego la retención del aire, y luego en la espiración haremos que el ritmo aumente progresivamente.

Veamos un ejemplo:

> Inspirar contando hasta tres – Aguantar la respiración y contar hasta tres – Espirar contando hasta tres. Hacerlo dos veces seguidas.
>
> En la tercera: Inspirar contando hasta tres – Aguantar la respiración y contar hasta tres – Espirar contando hasta cuatro. Hacerlo dos veces seguidas.
>
> En la quinta: Inspirar contando hasta tres – Aguantar la respiración y contar hasta tres – Espirar contando hasta cinco. Hacerlo dos veces seguidas.

El conteo de espiraciones así ya estaría bien; podemos intentar llegar a seis, es decir el doble al de inspiraciones, e incluso prolongarlo aún más. Es una cuestión de hábitos y prácticas; la base de partida puede ser cualquier conteo, tres, cuatro o cinco, que ya estará muy bien. Hay personas que la pueden prolongar mucho, pero no es nuestro propósito. La duración del ejercicio será todo el rato que queramos o podamos. Existen muchas variantes, por ejemplo se puede inspirar y a continuación espirar sin retención intermedia; o se puede hacer que esta sólo dure un conteo y prolongar más la espiración. El arte de la respiración está lleno de ejemplos.

En la atención plena, como señalamos, no se trata de controlar la respiración pero podemos combinarla perfectamente potenciando su utilidad. Aquí está lo realmente interesante de este ejercicio, que podemos compaginar la observación de la respiración con su control y regulación de modo voluntario. Por ejemplo, estamos sentados en una sala de espera, y notamos que nos empezamos a agitar, a aburrir, a desesperar; por nuestra mente corren las ideas de «lo que tengo que hacer», «se me va a hacer tarde». Lo aplicamos en ese momento. ¿Que estamos a mitad y nos llaman para la esperada visita?, interrumpimos y recuperamos el ritmo respiratorio normal sin problemas. Si la situación persiste seguimos hasta que cada vez nos encontremos más calmados.

Una buena combinación es realizar este ejercicio respiratorio y a la vez repetir frases estimulantes o imágenes que despierten buenas sensaciones; cualquier palabra, imagen, recuerdo, lectura, película, que nos inspire tranquilidad y armonía interiormente nos pueden servir; esto tiene relación con la sugestión o la autosugestión, o con la meditación basada en el mantram, o con una oración mental, son métodos muy interesantes y profundos y este aspecto combina muy bien con la atención plena. Esta es una de sus grandes ventajas, la versatilidad y adaptabilidad. De este modo los ratos perdidos revierten en una discreta mejora, nunca más tendremos la sensación de que nos hemos agobiado, de que hemos perdido el tiempo, y conseguiremos que las circunstancias giren a nuestro favor.

Respirar de esta forma nos puede ayudar a controlarnos en situaciones de agitación. Por ejemplo antes y durante un examen importante, en una entrevista de trabajo, si tenemos que hablar en público, si hemos de actuar o tocar ante un auditorio y situaciones similares. Y en circunstancias de crispación o violencia. Por ejemplo alguien se ha enfadado mucho, ha perdido el control y nos grita directamente a nosotros. En esos instantes, lo mejor es centrarse en la respiración, en el cuerpo y distanciarse, y luego aplicar esa respiración mientras la escena se desarrolla. Pensemos que una persona crispada dice cosas de las que luego se va a arrepentir, y muchas veces lo único que pretende es que lleguemos a esa misma situación de descontrol. El exceso de agresividad verbal es una mala costumbre social que hay que combatir con serenidad. Lo podemos observar en los eventos deportivos. En las profesiones que hemos mencionado antes, que deben soportar situaciones propicias a desencadenar un cierto grado de violencia con más frecuencia, sería muy recomendable que las personas se apoyaran en la atención plena y en técnicas de control de la respiración parecidas a la indicada, que sin duda les servirá de gran apoyo.

INVERTIR EL PUNTO DE VISTA

Nuestra mente es inquieta, y lo es porque así debe serlo, porque así es nuestra naturaleza. No hace tanto que nuestro sistema de vigía nos permitía sobrevivir a los posibles peligros que acechan a nuestra frágil naturaleza, y por lo tanto, ya estaba bien preparada, por eso tenemos que reforzar las funciones mentales de la concentración, de la lectura, del estudio, para habituar a la mente. Sucede lo mismo con nuestro cuerpo, no está dispuesto para estar las ocho horas de trabajo sentado en una silla y en una mesa, tecleando frente a un ordenador; esas son causas de algunos problemas de espalda, por eso tenemos que reforzar los músculos de la espalda, para reforzar una desproporción de su función.

De la misma manera que podemos adaptar nuestro cuerpo y ejercitar nuestro cerebro en esos desempeños básicos para mantener un estado físico relajado, también hay que conservar un estado mental relajado, libre de preocupaciones intrascendentes. ¿O es que no lo son la mayoría? Pero hay algunas de ellas de las que no sabemos salirnos, por ejemplo en las que nos encontramos sin recursos, como encorsetados en moldes y comportamientos. Una y otra vez se repiten y que sabemos son perjudiciales.

Vamos a aplicar la atención plena para desarrollar una herramienta mental que nos ayudará a romper esas normas. Observémonos y detectemos en qué clase de situaciones nos desenvolvemos mal siempre y de las que quisiéramos mejorar, o que nos causen reacciones emocionales de cierta frustración. Vamos a ver un ejemplo sencillo y fácil de entender. Supongamos que somos aficionados de un equipo de fútbol; cuando nuestro equipo está empatando en casa, el árbitro pita un penalti en contra. Eso nos provoca una reacción de excitación o exaltación, y tal vez gritemos para mostrar nuestra insatisfacción casi de un modo inconsciente, arrastrados por la reacción de los demás. ¿Por qué? Está claro: la razón está de nuestra parte. Estamos convencidos y seguros; nos sentimos provocados y ofendidos, víctimas de una injusticia. Aquí no hemos discutido con nadie, ni actuamos bajo presión, pero esta reacción emocional, esta descarga de adrenalina, puede provocar efectos adversos en nuestro organismo similares a los del estrés. De hecho muchos seguidores viven instantes de verdadera angustia cuando su equipo pierde; así como cuando ganan luego la reacción de alegría se torna también exaltada.

En nuestro rato de meditación, recreemos la escena y observémonos en esa situación, sin juzgar, sólo mirándonos. Eso durante unos instantes. Después hagamos lo mismo poniéndonos en el lugar del árbitro. Seamos el árbitro, pensemos que vamos vestidos como él, que todo el mundo nos grita, que hemos de estar atentos a todo lo que sucede. No juzguemos, solo observemos. También unos instantes. Y después seamos un seguidor del equipo contrario, pensemos lo que haríamos, qué pensaríamos al volver a nuestra casa. En todos los casos adoptemos el mismo criterio, observar sin juzgar las actitudes, los gestos, las palabras, las situaciones. Así durante unos días. Quizás después de todo, las cosas no sean tan tajantes como las vemos siempre. Los otros tendrán sus motivos para pensar y hasta quizás tengan su parte de razón. Naturalmente disfrutemos cuando nuestro equipo gana y disgustémonos cuando pierde, pero que sea con expresiones y emociones equilibradas, que no nos acaben dañando. Interioricemos esa idea, hagámosla nuestra, y poco a poco las situaciones se volverán menos difíciles de controlar.

Vamos a recrear ahora nuestro trabajo. En aquella situación de estrés con varias cosas urgentes que hacer a la vez. Miremos como siempre la situación pasada como la escena de una película. Observémonos desde todos los ángulos, y después seamos otra persona. Pongámonos en el lugar del jefe, en el lugar del que nos habla por teléfono, en el del que nos llama por el móvil. ¿Qué pasa por la mente de estas personas? A lo mejor la llamada que atendíamos y que nos parecía tan urgente, tal vez no lo sea tanto para nuestro interlocutor; lo que nos pide nuestro jefe, tal vez pueda esperar, y así se lo podemos hacer entender, pues resulta que el hombre es muy razonable, sólo que a veces no lo parece. La cita ineludible puede retrasarse un poco, y no pasará nada, se lo explicaremos a la persona que nos espera cuando podamos, incluso le puede venir bien ya que también está muy ocupado.

> *Mindfulness* nos ayudará a relativizar las cosas, a cambiar el estilo de pensar.

Cuando nos hemos puesto en el punto de vista opuesto, cuando hemos mirado con otros ojos la misma situación, cuando hemos invertido el protagonismo, los argumentos también han variado. El punto de partida que dábamos por sentado como correcto tal vez resulte no serlo tanto; ese montaje que tenemos dentro, debido a los esquemas mentales adquiridos o creados, lo que nos condicionaba la reacción emocional y que nos provocaba perturbación, no era incuestionable y solo era fruto de una cierta especulación mental. Practiquemos la inversión del punto de vista. Eso lo podemos trasladar a todas las facetas de la vida: política, social, educativa o religiosa.

SENTIRSE BIEN

El cuarto movimiento para combatir el estrés es conjugar la presencia que despierta la atención plena con la alegría de vivir. En una palabra, sentirse bien, siempre. Si importante es identificar, respirar y relativizar, también lo es acabar de completarlo, sintiéndonos bien. ¿Qué quiere decir sentirse bien? En cierta manera es un estado subjetivo y depende de muchos factores. Para una persona sentirse bien, estar a gusto, querrá decir estar en compañía de sus seres queridos; para otra tal vez sea estar tomando una bebida con los amigos. O quizás sea dar un solitario paseo en medio de la naturaleza. Hay muchas maneras de apreciar ese estado. Sin embargo hay situaciones comunes y generales; por ejemplo las vacaciones son una buena referencia para cualquiera de nosotros. A la vuelta de vacaciones, después de disfrutar de un largo puente, nos encontramos pletóricos, sonrientes y vitales. Hemos disfrutado, nos hemos relajado, hemos descansado, hemos hechos cosas diferentes. En una palabra, nos sentimos bien. Pero este estado de ánimo para algunos suele durar bien poco, tal vez unos días. Para otros tal se prolongue unas semanas; como mucho un mes o dos. La cuestión es «¿por que no hacerlo permanente y prolongarlo siempre?, ¿por qué no encontrarnos bien bajo cualquier lugar y circunstancia?».

La alegría es una virtud preciosa. Reírse de uno mismo es un hábito recomendable. Manifestar contento proporciona a los demás bienestar y confianza. Por eso una forma muy sencilla de sentirnos bien es cultivar el buen humor. Antes hemos hablado de la risoterapia. Las carcajadas estimulan la segregación de endorfinas. Y las palabras divertidas en medio de situaciones de estrés facilitan la distensión y las buenas relaciones. Un comentario jocoso en una reunión de trabajo puede ser más estimulante y motivador que una orden tajante. Un entrenador que habla con carácter firme, pero a la vez sabe ser entretenido y positivo, estimula más a los jugadores que no con las broncas, aunque a veces haya que dar algún grito también. Lo más interesante es el estado que va estableciendo en la persona que vive así, con buen humor. Poco a poco las emociones provechosas van reemplazando a las perjudiciales y va imperando el sentido de lo apropiado.

Mindfulness nos ayudará a que descubramos las sensaciones agradables y las interioricemos. El despertar de la atención consciente y la práctica de la meditación nos irá abriendo un sentido de la alegría al percibir el mundo que nos rodea con otra mirada, al descubrir un mundo insospechado de sensaciones. El recuerdo sobre cómo nos sentimos y cómo pensamos mientras nos hallamos tranquilos, confortables, sin ningún agobio o presión, en un ambiente distendido, en compañía de nuestra familia y amigos, disfrutando de las vacaciones o del tiempo libre, nos ayudará aún más. También puede servirnos de referencia otra situación; por ejemplo la práctica de algún deporte con los amigos o compañeros; o la de una afición en la que compartamos el entusiasmo y la emoción con otras personas que nos lleve a un estado de ánimo similar; igualmente también una buena relación con una persona o con un grupo de amigos compartiendo actividades de lo más diversas, excursiones, espectáculos. Fijémonos en lo que pasa por nuestra mente, qué tipo de pensamientos, cómo vemos a los demás, cómo nos tomamos las cosas, cómo reímos, hablamos, nos comportamos, qué gestos hacemos o no hacemos, lo que experimentamos. Y luego intentemos armonizarnos con esas sensaciones.

Esta observación, como un ejercicio, la podemos hacer siempre que queramos; alternándolo con los otros, durante un período de tiempo. ¿En qué ocasiones? Cuando notemos un descenso del ánimo, del ímpetu natural, o si aumentan las contrariedades y los problemas notoriamente y nos vemos afligidos o decaídos. Lo que necesita nuestro organismo en esos momentos es recuperar el tono vital y si interiorizamos con intensidad las sensaciones benéficas redundará en un beneficio de nuestro estado general. Es una manera directa de elevar nuestra autoestima. Por ejemplo, un día nos encontramos bajos de moral por que no han salido bien las cosas. Nos sentamos un momento, respiramos, miramos el cuerpo, y pensamos en algún buen rato que hayamos pasado con alguna persona próxima, familiar, amigo, en algún viaje, en alguna convivencia, observando la escena vivida con detalle, con precisión, con plena conciencia. Es un ejercicio en el que jugamos con el poder creativo de la imaginación, como se usa en algunas técnicas de relajación. Recreamos en nosotros las buenas experiencias vividas, que nos traen buenos recuerdos, buenas sensaciones. Podemos incluso incluirlo en el rato de meditación diario, como colofón, y al sentirnos bien, en el instante final, levantemos las manos en señal de bienestar, de intensa unión con la naturaleza.

Es un ejercicio precioso e intenso, no solo para combatir el estrés o el decaimiento. Es para llevarlo siempre con nosotros, allá donde estemos, de forma que nuestra mente se llene de las experiencias positivas que hemos interiorizado, cuando deseemos. También para combatir los pensamientos negativos que acuden rápidos en cuanto estamos estresados o bajo presión. O de modo parecido cuando notemos que en lugar de reaccionar con humor lo hacemos con pesadumbre e irritabilidad. Estaremos atentos a esos cambios. El despertar de la atención consciente llegará a «detenernos» casi de manera repentina, cuando nuestras actitudes varíen por el motivo que sea. Será una parada que nos hará recapacitar y pensar en por qué lo hemos hecho casi inmediatamente. Cuando eso nos suceda habremos avanzado bastante no sólo en el control del estrés, también en el dominio de nuestra mente, de nosotros mismos.

IRIS: Resumen de un arte

Vamos a resumir la estrategia para hacer frente a las situaciones de estrés en nuestra vida cotidiana. Hemos visto diferentes maniobras y actitudes, y ahora vamos a combinarlos. Hablamos de arte, porque aunque puede aprenderse un método o técnica, al final somos como actores frente a unas situaciones. Interpretamos un guión aprendido, protagonizado por nosotros mismos, y puesto en diferentes escenas o situaciones. Al igual que los actores profesionales recrean los personajes, nosotros recreamos esos planes o métodos, los matizamos, adaptamos y aplicamos en la vida cotidiana. Es decir les damos nuestra impronta en la vida personal y laboral.

Tras haber fortalecido nuestro pensamiento, nuestra actitud y nuestro modo de reaccionar, ahora hay que poner esas habilidades a nuestra disposición, para hacer frente a una situación de estrés inesperada. Una posible forma es realizar un programa mental, según los cuatro enfoques comentados. Y llevarlo interiorizado, listo, a punto para aplicar, siempre que queramos. Para reforzar aún más la firme intención y seguridad mantengamos en nuestra mente este acrónimo: IRIS, que significa lo siguiente: I de **I**dentificar la situación, R de controlar la **R**espiración, I de **I**nvertir o relativizar y S de **S**entirse bien, de tener buen humor.

Al resumen del arte de la atención plena, para controlar y superar el estrés cotidiano, le llamaremos IRIS. Y lo llevaremos como herramienta mental para usar en todo momento.

Por ejemplo, somos conscientes, en un momento dado de que nos encontremos en una situación de estrés, de las de estrés oculto, en una larga cola. La observación de la atención plena, nos «avisa» de que hay que hacer algo, de que hay que actuar, pues lo primero que habrá acudido a nuestra mente será algún pensamiento de frustración. Apliquemos lo que hemos aprendido:

1. Hemos percibido la situación cuando ocurre.

2. Pondremos nuestra mirada en la respiración, efectuando un control mesurado de la misma. Tres respiraciones, alargando la espiración.

3. Pensaremos las cosas de otra forma, invertiremos el punto de vista, relativizaremos las opiniones, eliminando el sentimiento negativo con otras ideas.

4. Buscaremos en nuestros recuerdos aquellos que nos hagan sentir bien. Nos contaremos un chiste a nosotros mismos, y ¿por qué no?, a los demás también.

En cuatro sencillos pasos, una situación irritante se habrá convertido en benefactora. Sonreiremos a la vida.

ESTILO DE VIDA

Digamos también que la prevención del estrés hay que completarla de otras maneras, además de las acciones indicadas. La base está en llevar otro estilo de vida, un estilo de vida que se puede calificar de más sano o menos agobiante. Una de las cosas que más valoramos cuando hablamos de calidad de vida es la salud física. En los grados de preferencia en las encuestas sobre el bienestar, el primero de todos, el más valorado es el estar sanos, encontrarnos bien físicamente; después dependerá de la edad y otros factores. La primera recomendación para lograrlo es cuidarse, prevenir, llevar una vida más saludable. Hay muchas maneras de lograrlo, y nos ayudarán los profesionales de la salud, por ejemplo cuidando la alimentación, evitando comportamientos y hábitos nocivos, haciendo ayunos ocasionales o seguir dietas controladas, y sobre todo practicando algún deporte o actividad: por ejemplo, el baile, la danza, los paseos, la natación, cualquier forma adecuada de poner en actividad los músculos y el cuerpo nos irá de maravilla. Hagamos caso de los consejos que nos dan las instituciones públicas sobre las costumbres necesarias para llevar una vida sana, en la alimentación, en el ejercicio físico, en los chequeos periódicos. No en vano las ciencias médicas han conseguido erradicar enfermedades endémicas, descubrir las causas de algunas dolencias comunes y prolongar la vida media de las personas. Los consejos para ser más virtuosos y más sensatos a la hora de alimentarnos y de llevar una vida más natural han estado siempre presentes para el que quisiera y pudiera oírlos; ahora las investigaciones científicas los ratifican. Si además practicamos ayunos periódicos, nuestro organismo nos lo agradecerá; no en vano se halla en todas las religiones de una manera u otra, bien el ayuno o la abstinencia total o parcial, bien la privación de ciertos alimentos, en períodos más o menos largos, un día, varios días.

El deporte es la mejor medicina preventiva contra el estrés. Nuestros cuerpos no están preparados para el sedentarismo, no evolucionaron para estar parados, sentados y estar pasivos; lo hicieron para sobrevivir en un medio hostil en el que tenían que moverse con agilidad y destreza, en competencia con otras especies. Eso nos llevó millones de años. Muchas veces, tras hacer deporte, nos invade una sensación de relajación y bienestar. La actividad física, como hemos comentado, hace que nuestro organismo produzca endorfinas y encefalinas, con la consiguiente sensación de bienestar que genera; siempre que no sea extenuante y no se realice solo para la competición, ya que en este caso intervienen otros factores no tan positivos. Por eso, cualquier práctica deportiva bien llevada contribuye a prevenir muchos males y a mejorar nuestra salud: un partido de fútbol, baloncesto o tenis con los amigos, por poner ejemplos típicos. Caminar o correr solos o en compañía, el paseo matutino, el tai-chi en el parque, además de generar salud y bienestar físico, nos genera satisfacción, entusiasmo, alegría para encarar las preocupaciones y el estrés. También señalemos que muchas personas preferirán combatir el estrés con el ejercicio físico. Eso es porque nos podemos clasificar al menos en dos grupos, sensibles al movimiento y al pensamiento. Las primeras prefieren aplicar a sus vidas acciones derivadas de su animación corporal y las segundas de su reflexión mental. A todos nos irá bien en general la práctica del deporte u otra actividad y además de ejercicios de meditación diarios. Ambos son el complemento ideal, aunque los que prefieran lo primero les será más que suficiente para prevenir el estrés.

> Combinar ejercicio y meditación es la mejor prevención contra el estrés.

En resumen, el mensaje que tenemos que tener claro es que tenemos que encontrar el **Equilibrio** de la mente y el cuerpo. Una obligación más que una sugerencia. No tan sólo para combatir el estrés, es para aumentar la calidad de vida en todos los sentidos. En nuestra época, como seres humanos, necesitamos volver a descubrir la sencillez, recuperar formas de vida más simples, en el sentido de que los progresos logrados se adapten a la naturaleza humana, y no al revés, que es lo que está sucediendo. Afortunadamente hay muchos movimientos y grupos que promueven la vuelta a la sensatez, al dominio de las cosas, en vez de los excesos y desvaríos en que hemos caído. Ahora en muy poco tiempo, en los últimos cien si lo comparamos con la escala biológica, hemos variado las costumbres naturales, hemos adoptado nuevos hábitos alimentarios y nos movemos y caminamos mucho menos que nuestros antepasados. Es cierto que vivimos más que ellos, que hemos superado problemas muy graves, que hemos eliminado enfermedades que antes no se podían controlar y que hemos convertido el medio difícil en un lugar más confortable y seguro. Pero a cambio de contrapartidas han aparecido enfermedades que antes no existían debido a eso hábitos adquiridos en la vida moderna y hemos puesto el planeta en una situación de deterioro peligrosa para los seres vivos.

Si los avances tecnológicos y sociales se hubieran hecho en paralelo a la comprensión del ser humano, el impacto de algunos de los problemas que tenemos sería mucho menor o nulo. Este es el origen de que sigamos teniendo esas contradicciones y el tener que recurrir a las prácticas milenarias para solucionarlas. El conocimiento que tenemos de nosotros, de la humanidad, sigue siendo parcial, y aún tenemos que realizar un ejercicio de humildad y reconocer que no todo lo antiguo es nimio.

Aliviar los pequeños dolores

Para mejorar las pequeñas dolencias físicas, la práctica de la atención plena nos puede ayudar de dos maneras. La primera es siendo conscientes mucho antes de cuando algo no funciona bien en nuestro organismo. No quiere decir que seamos hipocondríacos, pero si al estar más presentes en nosotros mismos, al ser más conscientes de nuestro cuerpo y sensaciones, al dialogar con él, seremos capaces de detectar el comienzo de las pequeñas anomalías. Esta es una debilidad humana, una carencia que poco a poco iremos mejorando. Si sentimos que algo no va bien, no lo obviaremos con la excusa de postergarlo para más adelante, de dejarlo para después. Enseguida nos moveremos. Es importante actuar inmediatamente y no dejarlo para luego. Uno de los obstáculos que quizás nos retengan a actuar es el miedo a las dolencias, el miedo a las pruebas médicas y a los resultados; más que la inercia a cambiar o a pensar en los problemas posteriores al diagnóstico. Con la atención plena, con la mayor presencia en uno mismo, los miedos del tipo que sean no tendrán el influjo que habían tenido sobre nosotros. Este es uno de los beneficios de la meditación diaria, la capacidad que nos da para afrontar las contrariedades, grandes y pequeñas, eludiendo de nuestra mente los pensamientos de temor, las ideas irracionales que son el caldo de cultivo para el miedo.

Vamos a ver cómo podemos aplicar los ejercicios al alivio de los pequeños dolores; de esas molestias que no requieren tomar un analgésico, de esos malestares que nos suceden de vez en cuando. Aquí entramos en una amplia gama: dolores de cabeza, molestias de espalda, dolores de las articulaciones, malas digestiones, —sobre todo por causas posturales o pequeños excesos que no requieren mayor atención—. Aunque también se pueden aplicar a los dolores crónicos ya en tratamiento médico y farmacológico, o después de una operación o accidente para complementar los mismos, aumentando su efecto terapéutico en nosotros y facilitando la recuperación posterior. Pero que quede claro que nunca substituyen a los mismos. Cada vez avanzamos más en la comprensión bioquímica del dolor, de su transmisión, de las señales de alerta y de los procesos que desencadena en nuestro cuerpo; pero todavía no lo sabemos todo y bienvenida sea cualquier técnica que nos vaya bien además de la medicina tradicional y que se complemente con ella.

El ejercicio de examen corporal nos vendrá de maravillas para aliviar una pequeña molestia que tengamos por ejemplo en la rodilla; si hemos estado sentados incómodamente mucho rato sin levantarnos, si nos resentimos de una antigua lesión, si hemos jugado un partido de nuestro deporte favorito y al acabar notamos molestias, puede que se nos vaya por sí sola, pero podemos hacer que se alivie mientras tanto. Para ello combinaremos el examen corporal con la respiración. Esto es un método muy antiguo y sencillo. Con la mirada puesta en las sensaciones que nos llegan de la rodilla, al inspirar notaremos cómo el aire entra en los pulmones y al espirar lentamente, seguiremos mentalmente el flujo del aire hasta que veamos y sintamos como llega a la rodilla. Evidentemente el aire no llega, pero sí tendremos la sensación de que algo fluye hacia allí, es lo que en algunas culturas antiguas se llamaba «energía vital», aunque no tenga base científica, pero la sensación la tendremos y eso es de lo que se trata; desconocemos el mecanismo pero no por ello debe ser olvidado. Cuanto más lenta sea la espiración mejor nos irá. Después del rato que podamos estar así, continuaremos nuestra vida normal, poniendo atención en lo que hagamos, siguiendo con lo que estábamos haciendo. No se trata de ninguna panacea, si no sólo de mejorar, de aliviar.

Este pequeño ejercicio nos va a ir muy bien para disminuir las dolencias leves del tipo que sean; pero lo podremos aplicar a otras circunstancias relacionadas con la salud. Por ejemplo al hacernos una prueba diagnóstica, una ecografía, un análisis o similar en un laboratorio o centro hospitalario, a cuya preparación y espera solemos asociar nerviosismo. Lo que haremos en estas ocasiones será centrarnos en nosotros mismos y efectuar la respiración, espirando lentamente. A la vez sintámonos por entero, y en especial la parte del cuerpo más afectada, y permitamos que acudan a nuestra mente pensamientos de bienestar y alegría, que nos proporcionen buen humor. Conjuguemos respiración con buenas sensaciones para beneficiar a todo nuestro organismo. El sentido del humor es imprescindible para rebajar las tensiones y fomentar la superación del miedo irracional, aquel que no tiene ninguna base, que es solo psicológico, que sólo existe en nuestra imaginación pero al que le solemos hacer excesivo caso. De esta manera lo eliminaremos.

Tiempo y aspiraciones

Sin duda alguna una de las grandes quejas de nuestra sociedad es la falta de tiempo. ¿Quién no lo ha comentado alguna vez, o no lo ha oído a otra persona decirlo? «Me gustaría hacer esta actividad. Pero no tengo tiempo», «hoy he perdido mucho tiempo en la oficina», «estoy saturado de trabajo. No puedo ni parar para comer», «no encuentro un momento libre para hacer lo que me apetece». Se habla de conciliar la vida familiar y laboral, pero también de las obligaciones con las actividades lúdicas, de las personales con las familiares. Eso afecta a todo el mundo, trabajadores de alta o baja cualificación, amas de casas, estudiantes, profesores, médicos, enfermeras, deportistas, administrativos, guardas jurados, empresarios, gestores y directores de empresas, periodistas, la lista es larga, sea cual sea su posición y rango social.

Uno de los beneficios de la meditación basada en la atención plena, quizás más que en otras formas de meditación, es que la podemos aplicar a los problemas diarios. Como hemos comentado, la típica crítica que se hace a la meditación es su alejamiento del día a día. Podemos ser grandes meditadores pero vivir desconectados del mundo que nos rodea; de ahí que ciertas prácticas que son profundas y adecuadas a la vida monacal, pues en ella han pervivido en el tiempo, haya que adaptarlas a nuestra forma de vida para que nos sean puedan ser realmente útiles, y no trasladarlas tal cual son. Este tipo de errores han sido frecuentes y no estamos exentos de cometerlos; pero por suerte cada vez más se tiene en cuenta en los mensajes la cultura y modo de vida de las personas a quien se dirige.

Enfoquemos el problema de la gestión de nuestro tiempo mediante la atención plena. Por un lado la práctica de la autoobservación de nuestras actividades diarias, nos llevará con el paso del tiempo primero a un goce en las mismas, y a sensación de fecundidad, después. Cuando gozamos haciendo lo que hacemos, ¿tenemos la sensación de haber perdido el tiempo? ¿Verdad que no? Rara vez cuando acumulemos experiencia con la atención plena vamos a tener la impresión de haber derrochado nuestro tiempo; no vamos a sentir que hacemos algo rutinario, algo mecánico o aburrido. Al contrario, el acto de respirar nos proporcionará ánimos y energía para sentir y valorar cada cosa que hagamos con plenitud. Si por otra parte, aquello que hacemos lo hacemos a gusto, aunque para otro sea una tarea horrible, nos cundirá de sobras. Por ejemplo, las tareas de casa, cocinar, limpiar los platos, fregar el suelo, planchar; como citábamos antes al monje Thich Nhat Hanh: «¿Por qué poner tanta preocupación en algo tan simple?», o las palabras de Santa Teresa: «También entre los pucheros anda el Señor», la alegría que experimentaremos en la actividad cotidiana nos agilizará la pesadez y pondrá alas en nuestras manos, no notaremos ninguna contrariedad, ni supondrá ninguna pesadumbre. Al final diremos para sorpresa y alegría nuestra: «qué poco me cuestan las tareas del hogar».

Es uno de los efectos de la transformación interior que experimentamos al implicarnos en la atención plena. Nuestros objetivos, nuestras intenciones, nuestros logros, tendrán una medida bien distinta, mejor dicho no se medirán más. El hecho de hacer algo será en sí mismo el logro, y por tanto perderá sentido el decir cosas como: «me gustaría hacer esto o aquello en vez de lo que hago». Al estar el propósito en el aquí y el ahora, el problema del tiempo, de perder el tiempo, dejará de existir. Todo lo que hagamos tendrá su sentido, y si no, se lo encontraremos.

Por otro lado, podemos aplicar de otra manera la meditación de la atención plena para conseguir gestionar nuestro tiempo. Aplicaremos una extensión del ejercicio de contemplación profunda. Vamos a ver una de sus muchas posibilidades. Como hemos indicado, el entrenamiento del capítulo II es una propuesta para que cada uno de nosotros sea capaz de elaborar un plan de acción, su propio programa, en base a la naturaleza y circunstancias de su vida. Aquí lo vamos a aplicar a un punto concreto que afecta a la mayoría de las personas, y por tanto es un ejemplo válido.

CLARIFICANDO PROPÓSITOS

La contemplación profunda la llevaremos al campo de lo que esperamos encontrar en la vida. Podemos plantearnos muchas metas en busca de la felicidad, o de lo que creemos que consiste. A lo largo de nuestra vida esos fines cambiarán, muchos serán función de lo que nos hayan enseñado, del tipo de educación recibida, del ambiente que tuviéramos de niños, de las carencias y necesidades sufridas, y de muchas otras cosas. Ese es nuestro primer trabajo.

Por ejemplo, practiquemos el siguiente ejercicio: realicemos la secuencia de meditación normal, silencio, respiración, repaso de nuestro cuerpo, según la duración y criterio que ya tengamos pautado en base a la experiencia del entrenamiento. Cuando la atención se dirija a la mente, enfocaremos la observación a nuestra vida, a los detalles más importantes o significativos que hayamos vivido; luego examinaremos los detalles de cada uno. Este proceso nos puede durar días, ya que habrá más de un hecho relevante que destacar. Hemos de ser conscientes de la duración que dedicamos a la meditación; si son veinte minutos, seguramente en una jornada no habremos hecho todo ese repaso; así al día siguiente intentamos seguir allí donde lo dejamos. A lo largo de varios días rememoraremos nuestra historia hasta llegar a nuestra época actual. Al final podemos anotar el resultado de la observación neutral, como si hubiéramos visto una película. ¿Qué fines perseguíamos antes y cuáles ahora? Es posible que la lista no sea muy larga, que sólo tengamos uno o dos objetivos, o tal vez no, a lo mejor tenemos una lista muy larga, con muchos deseos que alcanzar. Hemos de ser sinceros, imparciales e indiferentes al hacerlo. Este es el secreto. Al igual que en el ejercicio del desapego, hemos de vernos como si fuéramos otra persona. Tal vez necesitemos repetirlo más veces en el tiempo e ir depurando esa lista personal cada vez que lo hagamos. Es interesante comparar al cabo de un año o dos, lo que nos guiaba antes a lo que nos guía ahora, ver cómo han ido variando nuestra prioridades, nuestros deseos, nuestras aspiraciones.

PONIENDO ORDEN EN NUESTRA VIDA

Pero este ejercicio no acaba aquí. Hay otro paso. Trasladar la observación a nuestro comportamiento. Apliquemos *mindfulness* en su verdadera vertiente, para averiguar si lo que realmente hacemos está enfocado hacia esas metas que nos hemos propuesto.

Por ejemplo, supongamos que una de nuestras metas es obtener más prestigio, profesional o social; se trata de observarnos de nuevo, de manera indiferente, ecuánime, imparcial, en la búsqueda de ese objetivo. Si fuera otra persona, ¿cómo la juzgaríamos?, ¿realmente está buscando lo que se ha propuesto?, ¿es verdad que actúa movida por sus objetivos?, ¿cuáles son los intereses que la guían? La franqueza y la honestidad con nosotros mismos son fundamentales. Si al final deducimos que actuamos movidos por nuestros verdaderos fines, tendremos que examinar qué acciones no forman parte de la búsqueda de esos objetivos, y por tanto no son prioritarias, y podremos dejarlas de banda. Si por el contrario, resulta que los pasos que damos en la vida van en otra dirección que nuestras verdaderas metas, está claro que habrá que corregir la dirección y actuar de otro modo. Se trata por tanto de saber cuáles son nuestras prioridades reales, y así poder ordenar nuestras tareas.

Si una de nuestras metas principales es tener más conocimientos de una materia, esa será nuestra tarea prioritaria, el resto serán prescindibles; cuando así lo veamos, tendremos tiempo para realizarla, ya que habremos interiorizado su prioridad y descartaremos otras que hacemos. A lo mejor uno de nuestros objetivos reales es potenciar la amistad de ciertas personas, tal vez tendremos que saber prescindir de la compañía de otras que no las vemos igual. Hemos de tener muy claro cuáles son nuestros objetivos reales en la vida, y eso nos ayudará a orientarnos mejor y a actuar en armonía con ellos; y también nos ayudará a saber de qué hemos de prescindir y por tanto a tener el tiempo que nos faltaba.

Mindfulness además nos puede ayudar a descubrir esas cumbres que pretendemos alcanzar. Precisamente ese es uno de los propósitos principales que planteábamos en la introducción, uno de las aspiraciones de la atención plena y consciente cuando se implanta en la vida de una persona, darnos la visión completa de lo que somos, de lo que queremos ser y de lo que seremos. Para ello usaremos la misma secuencia mencionada, para observarnos a nosotros mismos, y vernos frente a los diversos objetos de deseo que constituyen ciertos tópicos sociales, como conocimiento, riqueza, prestigio y fama; el ejercicio consistirá en observarnos en esas cimas, cómo si fuéramos otra persona, ajena a nosotros, preguntémonos: ¿es feliz esa persona así?, realmente ¿es lo que quiere lograr? Ese es el primero paso. El siguiente consistirá en hacer lo mismo con la lista que tenemos escrita, y contestar a las mismas preguntas. No importa que al final introduzcamos un modo discursivo o reflexivo en la ejecución, ya que poco a poco nos iremos dando cuenta que la atención plena se va introduciendo en todas las facetas de nuestra personalidad de manera natural.

Descanso y bienestar

El descanso es otro de los valores que tenemos que reforzar, ya que está seriamente debilitado por varias causas. ¿Por qué descansamos poco o nada bien? Una de las causas de ese mal es que vivimos en una sociedad agitada en su propia esencia. Los avances científicos, los cambios sociales, el modelo capitalista, la nueva globalidad, como principales factores, han tenido un gran impacto en la vida colectiva e individual de todos. Las noticias sobre las crisis y los problemas económicos, los desastres, las catástrofes, las injusticias en cualquier lugar del mundo nos abruman y nos afectan. No somos ajenos a nada de lo que sucede en nuestro entorno. Eso es positivo por un lado, ya que despliega el interés y la solidaridad de mil maneras diferentes; pero por otro ha sumado un factor de trastorno a los que ya teníamos.

Por otro lado llevamos un ritmo desorganizado, poco natural. Nuestros antepasados se iban a dormir cuando el sol se ponía, y se despertaban cuando amanecía, siguiendo el ritmo que marca la naturaleza, con una regularidad que ha seguido su curso durante millones de años. Vivían adaptados a los períodos estacionales, y sometidos a las dificultades climáticas. Hoy no es así, la luz artificial ha conseguido que nuestra actividad diaria se prologue y que pueda efectuarse a cualquier hora del día o de la noche. No dependemos de las estaciones para organizar nuestra vida y podemos permitirnos el eludir las condiciones ambientales adversas. La era moderna tiene sus ventajas, pero también sus inconvenientes. El problema es que ese desarrollo tecnológico productivo afecta a la vida de las personas de muchas maneras. Por ejemplo las que se ven obligadas a trabajar por turnos, en fábricas, en servicios, en mantenimientos, en vigilancia; si lo hemos sufrido, habremos visto lo difícil que es conseguir trabajar toda una noche y dormir durante el día; para luego volver a trabajar de día y descansar de noche. Nuestro descanso en esas circunstancias se altera, nos cuesta dormir, pues los cambios de hábitos y las costumbres irregulares causan trastornos a nuestro sentido del sueño, algo tan imprescindible como desconocido. Volver a organizar nuestra forma de dormir cuando cambiamos una semana tras otra de hábitos puede llevarnos mucho tiempo y conciliar la vida laboral y la personal resulta complicada.

Por otra parte, las nuevas costumbres sociales en las sociedades avanzadas tienen aspectos poco benéficos en nosotros; nos obligan a alternar jornadas de trabajo de cinco o seis días, con los días de descanso del fin de semana, en los que los contrastes de horario entre ambos son muy frecuentes; compaginar descanso y ocio por las obligaciones o compromisos que adquirimos a veces es muy complicado y puede repercutir negativamente en nuestro organismo.

Por si fuera poco aún hay más aspectos sociales que no nos ayudan precisamente a sosegar nuestra vida, son los horarios para comer. Nos vemos obligados a tomar nuestras comidas a toda velocidad, mientras leemos un periódico o vemos las noticias, debido al escaso tiempo de que disponemos. Y lo hemos tomado como una cosa normal. ¿Cuántos más de estos hábitos perniciosos podríamos citar? La lista sería larga. Levantarnos por la mañana con el tiempo justo, si nos hemos ido dormir tarde, porque nos hemos quedado a ver la televisión, nos puede impedir tomar un desayuno con tranquilidad y bien elaborado. Luego correr para llegar a nuestro trabajo. Si vamos en coche, conducimos con tensión, preocupados por la hora y en medio del bullicio y la congestión del tráfico. Si vamos en autobús o tren, lo hacemos junto a otras personas, quizás apretujados, que no tienen tiempo ni para mirarse, ni para saludarse ni para pararse a decir buenos días o preguntarse por su salud amablemente, a pesar de que se vean día tras día. Las prisas son malas consejeras siempre. El lugar de trabajo puede convertirse en un lugar agobiante, donde no tendremos tiempo para saborear ni una taza de té, ni un pequeño descanso. Luego la vuelta al hogar para ocuparse de las tareas atrasadas de la casa o a la necesidad de realizar otra actividad como por ejemplo estudios para mejorar, puede ser también poco reconfortante. Ese es el resultado de la forma de vida acelerada que llevamos, de la tecnología que ha cambiado a la sociedad, de las nuevas obligaciones sociales, que conlleva una preocupación por las dietas o el sobrepeso en los países avanzados.

COMER Y BEBER LENTAMENTE

Apliquemos la atención plena, seamos conscientes de lo que comemos y del modo cómo lo hacemos. Hemos comentado antes el beneficio de los ayunos periódicos cortos, de una jornada por ejemplo, sin son más largos es mejor que lo hagamos con asesoramiento. Privémonos de ciertos alimentos durante un día o más días; no hace falta que nos volvamos vegetarianos, naturistas o de alguna otra forma de alimentación, pero sí que sepamos variar y prescindir de todo tipo de comidas o manjares, cuando queramos y cuando deseemos, sin que nos aguce la sensación de necesitarlos. Para ello nos ayudará *mindfulness*.

En este ejercicio, una vez al día, cuando comamos hagamos lo siguiente: primero mirar y examinar el plato o el alimento que vayamos a comer, observar todos los detalles, tamaño, forma, colores, textura. Después lo introduciremos en la boca y lo masticaremos lentamente, haciendo tres o cuatro masticaciones y parando un breve momento, para luego seguir paladeando bien, saboreando todos aromas. Y finalmente lo engulliremos y sentiremos cómo pasa por la garganta, el esófago y llega al estómago. Dejaremos ir una espiración larga. Tomemos nuestro tiempo, concentrémonos en el alimento, en el acto de comer, intentemos que la mirada no nos distraiga con otras cosas, y que nuestro pensamiento se armonice en ese acto. No hay prisa. No importa el tiempo que estemos, si cada bocado nos lleva dos o tres minutos o más. Se puede hacer con cualquier tipo de alimento, una galleta, un trozo de pan, un bocadillo, o un plato de arroz por ejemplo. Con la bebida igual, tomemos un vaso de agua o cualquier otro líquido, miremos el vaso, su contenido y bebámoslo lentamente, a pequeños sorbos, saboreando el agua, y luego engullamos siguiéndolo a través de nuestro organismo, con una espiración larga.

> Beber un vaso de agua es un acto lleno de plenitud y sensación de vida.

Tal vez nos sorprenda, pero esta idea es muy antigua. En los actos sencillos y simples reside el poder de modificar nuestra vida y nuestros hábitos. Beber un vaso de agua puede representar un gran placer para el cuerpo, y además tiene una gran fuerza simbólica. El agua representa la renovación, la vuelta a la naturaleza, la fuerza vital, la expresión de la vida. No es nada nuevo. Las antiguas tradiciones han usado el agua, el bautismo, la inmersión como rito de metamorfosis, de evolución. El ejemplo sencillo del agua puede trasladarse a otros alimentos que comemos diariamente. Según nuestras latitudes y climas pueden variar. En el pan, los cereales, las frutas y las verduras, podemos encontrar simbolismos no tan elocuentes pero también de significado profundo.

Esta experiencia diaria nos hará comprender el significado del Koan-Zen, que la iluminación está en comer cuando se tiene hambre, en el beber cuando se tiene sed, es decir, hacer lo que hacemos cada día. Por otra parte, si somos conscientes del acto de comer y beber, sentiremos mayor goce que antes, un placer más amplio e inesperado. Tampoco en ello no hay nada nuevo, nada que las tradiciones antiguas no nos lo dijeran, y que por otra parte tiene mucho sentido común. La privación de un alimento siempre produce en el ser humano una valoración diferente y más intensa del mismo; en realidad de aquello que carecemos creamos una ilusión sobre su calidad auténtica. Cuando volvemos a probarlo, sentimos mayor placer y gusto que antes, como si no lo hubiéramos probado nunca. Además, experimentamos la independencia de su posesión y nos liberamos de su apetencia. De esta manera controlamos la alimentación y no al revés, ya no nos esclavizarán los anuncios, las influencias ajenas o la imagen exterior de los alimentos. El gusto y el placer no irán obligatoriamente ligados a descontrol, también a seguridad en nosotros mismos y a conocimiento del genuino valor de lo que comemos y bebemos.

El rito de acostarse y levantarse

Aplicando la lentitud en el comer y beber, habremos dado el primer paso para una vida más sosegada. Vamos a ver cómo evitar que otras malas costumbres de la vida moderna provoquen en nuestra vida personal agotamiento, estrés, tensión, cuyo efecto principal es que a la hora de dormir no podemos conciliar el sueño, que no podamos descansar. Además de poder atajar las causas personales de estrés según hemos comentado, podemos combatir directamente los síntomas que nos impiden el descanso, y para ello podemos usar lo que hemos aprendido sobre la atención plena.

Esa es una noticia que ya podíamos esperar si hemos seguido las prácticas y ejercicios hasta este punto. El desasosiego, la intranquilidad, el malestar, la fatiga, el desánimo y otros síntomas sabemos que pueden por lo menos ser disminuidos de forma consciente de nuestras vidas. Veamos cómo lo podemos hacer. Antes de irnos a dormir, ¿por qué no concéntranos en la respiración? Ese segundo de vida, ese acto principal, cuando el cansancio nos deprima, nos activará y devolverá a la paz, a la quietud. Después practiquemos por ejemplo el ejercicio de observar la respiración, eso lo podemos hacer cada noche al irnos dormir, estemos o no cansados o fatigados, como un buen hábito, como una costumbre perpetua. Observemos la respiración y luego pensemos que su ritmo sea sosegado, lento y profundo, como cuando nos encontramos bien, cuando estamos tranquilos. El aire que entra nos tonifica, el aire que sale nos relaja.

Si aún así seguimos intranquilos, practiquemos a la vez el examen del cuerpo, con lentitud, pensando en todos las partes de nuestro cuerpo; fijémonos en especial en aquellas en las que sentimos molestias después de un día duro; pueden ser los pies cansados de estar todo el día de pie o caminando, la espalda tensionada por la postura o los esfuerzos, el cuello o las cervicales doloridas. Observemos cada parte, poco a poco, hasta llegar a la cabeza, y entonces observemos lo que pasa por nuestra mente, tal vez sea irritabilidad o enfado, quizás culpemos a otros de algo que nos ha pasado; intentemos no juzgar, observemos solamente como si la escena discurriera en una película, no es el momento de discurrir o deducir, ya lo haremos en otro momento, solo observemos. En cada distracción o en cada desvío del ejercicio, simplemente volvamos al punto donde estábamos. Así sucesivamente.

Con toda seguridad conseguiremos dormir mejor practicando estos ejercicios, salvo que tengamos otro problema diferente, en cuyo caso tendremos que recurrir a un profesional. Pero para la mayoría de nosotros estos ejercicios nos propiciarán un mejor descanso. Los hemos de ir combinando con los que hemos indicado para el estrés. No olvidemos que ambos problemas, estrés y poco descanso están vinculados, aunque creamos que no. A partir de ahora el hecho de acostarnos o levantarnos tendrá un significado más profundo. Ahuyentaremos el malestar y la inquietud, y los substituiremos por el ánimo y la fortaleza. Cada día al despertar sintamos agradecimiento por poder ver la luz de un nuevo día, por tener la oportunidad única e irrepetible de ser felices, de hacer felices a los que nos rodean, de lograr nuestros sueños y propósitos. Miremos al cielo, contemplemos su color, la belleza de los astros, contemplemos el amanecer, el despertar de un nuevo día y respiremos profundamente. Cada mañana es singular en la tierra, en el mundo, en el universo, en cada persona. Captemos esa singularidad especial, sintámonos presentes en el espacio, en el aquí que nos rodea y que nunca más volverá a suceder. ¿Qué pasaría si ese fuera el último instante de nuestra vida? Por la noche igual, expresemos agradecimiento por todo lo que nos ha sucedido, por las experiencias que han llenado nuestra existencia sean del cariz que sean, porque han sido nuestras, porque las hemos vivido con plenitud.

La felicidad

La pregunta ¿qué es la felicidad? debemos responderla cada uno de nosotros. Hay muchas respuestas, todas las opciones justas son válidas. Indaguemos un poco sobre el tema. ¿La felicidad se consigue a través de los objetos externos?, ¿dependerá de las circunstancias que nos rodean?, ¿podemos ser más felices si tenemos grandes conocimientos intelectuales?, ¿lo seremos si poseemos bienes, si buscamos la propiedad de bienes de toda clase? Muchas veces oímos a la gente decir: «el dinero no da la felicidad pero ayuda a conseguirla». ¿Creemos que es así?, ¿está asociada al reconocimiento y prestigio social?, ¿son los poderosos mas felices que los demás? Si oímos lo que nos dicen los psicólogos, como Erich Fromm en su *Tener o ser*, y otros, la respuesta está clara.

El mensaje profundo de la atención plena es que la felicidad la tenemos al alcance de la mano, en cada acto pequeño y cotidiano. No hay más secretos. Esa posibilidad de ser felices aquí y ahora es real y sucede a cada instante. No existe para lograrlo ninguna diferencia entre los seres humanos, ya sean sabios, ricos, pobres, ignorantes, inteligentes, superdotados, sencillos, capaces, viejos, jóvenes, discapacitados, todos parten de las mismas condiciones. Ni los éxitos o fracasos de cualquier tipo, llegar a la meta el primero o el último, entre tener la medalla de oro o no tenerla, entre ser famoso o insignificante, influyente o desconocido, poderoso o vulgar, vivir en Occidente o en el tercer mundo, ser creyente o no serlo, ser hermoso o feo, poderoso o desfavorecido, nos condiciona. ¿Podía ser de otra forma?

Naturalmente este mensaje no es asimilable de un modo inmediato, así como así. La cuestión clave está en la aceptación de la realidad, de lo que realmente somos. El reto está en entenderlo y asumirlo. Porque la civilización humana tiene una parte oscura. Enmascara la verdad detrás de aureolas brillantes y fugaces que deslumbran el intelecto más privilegiado. Tampoco ayuda a aclararlo nuestra mente, debido a su naturaleza compleja, en la que se nos mezcla instinto, raciocinio, emoción, voluntad, deseo, conocimiento. Ni tampoco nos ayuda la sociedad que nos rodea, confusa, revuelta y desorientada. Recurramos a las experiencias legadas de otros, que nos han precedido. ¿Hacia dónde debemos mirar y orientarnos? Pues a la serenidad, la vida sencilla, el retorno a lo esencial, son los apoyos que hemos de buscar para salir de este laberinto. También es cierto que las antiguas tradiciones lo indican pero se confunde el fondo con los ritos e interpretaciones, y no siempre encontraremos el mensaje clarificador, pero está.

La fuerza de mindfulness

Hasta aquí hemos hablado de los beneficios de la práctica de la atención plena, casi siempre en clave personal, dejando de lado otros aspectos, como la ejercitación en grupo, o la meditación en grupo. Al trabajo grupal se le puede trasladar sin problemas todos los temas y propuestas del trabajo personal. La diferencia es que en un grupo heterogéneo cada persona avanza y progresa a su ritmo, unos llegan antes que otros a descubrir nuevas sensaciones y los diversos sentimientos de plenitud que hemos comentado; por tanto lo más conveniente es que la aplicación en grupo sea dirigida por alguien más experto o más avanzado que pueda conducir, nivelar y aconsejar bien al resto. Hablando de meditación la distancia entre instructor e instruido no es la misma que entre profesor y alumno. Muchas veces la función del primero se confunde al usar la expresión «maestro»; una tendencia común entre las personas en estos casos. Sin embargo en los fenómenos humanos de este estilo que hemos comentado, la vía del instructor discurre paralela a la del instruido, y la diferencia es meramente de tiempo en la práctica. En pocas palabras, el uno no puede vivir sin el otro; de ahí que deba existir un gran sentido de la responsabilidad por parte de todos.

EL NIVEL DE COMPROMISO

Volviendo al tema de la práctica personal hay otro punto muy importante que debemos destacar. Es el compromiso social y humano que adquirimos al entrar en el camino de meditación o disciplinas similares. Dejando de lado a los eremitas, que han existido y existirán en todas las épocas y culturas y otros modos de vida en aislamiento, las personas convivimos; lo más próximo en familia y amigos, después en la vecindad ciudadana y laboral y por supuesto con el resto de seres humanos. Cierto que durante algún tiempo podemos estar solos y quizás nos vaya bien (hasta valga la pena probarlo), pero será un aislamiento temporal. Por tanto nuestras relaciones humanas han de verse cambiadas y mejoradas. Si una o más personas próximas nos comentan «qué huraño te has vuelto», «haces mal aspecto», «qué te pasa», más de una vez, es que no hemos enfocado bien los ejercicios. Si los demás nos notan malhumorados o irritables y nos comentan que hemos perdido el sentido del humor, entonces hay que hacer una parada obligatoria, volver atrás y empezar de nuevo o buscar al apoyo de alguien que nos dé consejo.

Ya hemos señalado que con la meditación basada en la atención plena es menos posible que ocurra lo que con otras formas de meditación o disciplinas, en las que se requiere mayor concentración, y que puede conducir equivocadamente a buscar el aislamiento, a alejarse de la realidad, a creernos superiores al resto de la humanidad y síntomas parecidos. Es menos probable, pero puede ocurrir. Puede que pensemos que la razón sólo está de nuestra parte, que las ideas que nos guían son las mejores, que los demás están equivocados. Nadie está ajeno. Hemos de ser autocríticos y sinceros; tener siempre la precaución de pararnos y analizar los resultados del entrenamiento periódicamente. De ahí la conveniencia de llevar un diario. Así podemos comprobar los cambios que experimenta nuestra personalidad, analizar si los propósitos iniciales se van cumpliendo, y si en general vamos a mejor o no. A veces el tomarse la práctica con demasiado empeño puede provocar un tipo de estrés existencial; hay que seguir el consejo de los filósofos presocráticos: «todo con mesura».

Si pensamos que vamos a obtener beneficios inesperados, que con la meditación vamos a obtener bienes y posesiones materiales o que se van a satisfacer todos nuestros deseos sexuales, o que va a ser una varita mágica para que los demás hagan lo que nos plazca, desengañémonos del todo. Como indicamos antes, estas son ideas absurdas relacionadas con la meditación, pero que nos pueden surgir en el transcurso del entrenamiento, a veces es inevitable que aparezcan, pero pueden ser controladas. Es importante velar y estar atentos por si detectamos estas anomalías, y en particular si vemos que son reiteradas. Sucede lo mismo si creemos que la razón está de nuestra parte y que la meditación valida ideas de separatismo y privilegio sobre los demás. En caso de que tengamos la mínima sospecha de que algo no va bien, tenemos que parar cualquier tipo de práctica, aplicar el sentido común y dejarnos aconsejar por alguien de nuestra confianza o por un profesional.

Si por el contrario notamos que cada vez más los lazos que nos unen a los demás, a las personas que queremos, a los amigos, a aquellos grupos a los que pertenecemos se van ampliando y mejorando, es que estamos en el buen camino. Veremos que habrá ciertos valores humanos que tendrán un sentido nuevo. La paciencia, el respeto, la amabilidad, la escucha, la solidaridad, el compañerismo, la concordia, la búsqueda de la unión y cooperación, serán algunos que se irán acrecentando, que tendrán más relevancia en nuestra vida y en nuestra forma de actuar y de pensar. El servicio, la acción desinteresada, la preocupación por las condiciones de vida de las personas más próximas, sean o no amigos o familiares, sean o no compañeros de trabajo o vecinos, constituirá una forma normal de vivir. No nos consideraremos ni mejores ni peores que los demás, sino iguales. Este es el sentido del amor verdadero cuando se integra en la meditación.

BENEVOLENCIA Y TOLERANCIA

La mayoría de las personas tenemos madera de héroes y no lo sabemos. ¿Cuántas personas ayudan de forma abnegada a los demás, a sus familiares enfermos, a sus amigos en crisis? Pensamos en la heroicidad en ocasiones de grave peligro o en las grandes catástrofes. Es cierto que en las grandes tragedias de la humanidad se ha verificado una y otra vez el espíritu solidario de la naturaleza humana, que ha descubierto a sus héroes silenciosos; es posible que haya otros aspectos de la misma de los que no podamos estar orgullosos, pero de este sí. Lo curioso es que esa chispa que nos mueve a comportarnos de esa manera excepcional, está apagada en las situaciones más pequeñas y habituales, en las que más precisamos de su ayuda. ¿Por qué somos capaces de dar lo mejor de nosotros mismos en situaciones graves o cuando alguien precisa nuestra ayuda urgente, y después nos abatimos frente a pequeñas contrariedades?

Esa chispa que nos despierta en esas ocasiones es la que hemos de mantener encendida en las situaciones triviales de la vida. En las que hemos de permanecer despiertos, atentos, conscientes. Hemos dado el primer paso que es saberlas detectar usando el entrenamiento en la atención plena. Esta es una de las grandes aplicaciones que tiene en la vida cotidiana esta forma de meditación, que puede servir incluso a los ejercitantes de otras disciplinas, despertar los valores intensos de la cotidianidad. Pensemos que el triunfo vital no constituye en ser primero o el mejor, es conquistar el día a día, es triunfar a cada momento. Esa es la auténtica victoria. La cumbre de nuestra aspiración.

La forma de mirar a los demás, la manera de enjuiciar a los otros, nuestras reacciones hacia los más próximos también cambiará, y lo notaremos. Personas que antes menospreciábamos de alguna manera merecerán otra consideración. Esa es una forma sublime de tolerancia y respeto. Practiquemos el ejercicio de invertir el punto de vista. Por ejemplo, empatizarnos, ponernos en el lugar de aquella persona de otro género, etnia o condición social; ver con sus ojos, pensar en su modo social de desenvolverse, en cómo pueden ser sus problemas más comunes. También con nuestras relaciones personales. Por ejemplo, recordar a aquellos amigos que teníamos olvidados. Tratemos de volver a relacionarnos con ellos, de escribirles un correo, de llamarles por teléfono. Esa es otra forma de acción, de benevolencia, de manifestar valores y sentimientos positivos. Habrán detalles más precisos y difíciles, por ejemplo si considerábamos que alguien nos había ofendido o tratado mal, tal vez ahora ya no lo pensemos; o a alguna persona a la cual no le dirigíamos la palabra por parecernos antipática, no tendremos reparos en pararnos y hablar con ella la próxima ocasión que nos la crucemos, o al menos manifestar menos rudeza. Puede que no lo logremos con esa persona en concreto, pero podemos ser más amables con todo el mundo. Busquemos oportunidades de poner en práctica la bondad con intencionalidad, de otra manera no tendría sentido la meditación.

Dice Krishnamurti, en su libro *A los pies del maestro*:

> «Además, debéis estar precavidos contra ciertos pequeños deseos que son comunes en la vida diaria. No deseéis jamás brillar o parecer superior en ningún sentido; no habléis mucho. Es mejor hablar poco; es mejor todavía callar, hasta que estéis seguros de que lo que vais a decir es verdadero, bueno y útil a los otros. Antes de hablar, pensad cuidadosamente si lo que vais a decir posee estas tres cualidades; si no es así, no lo digáis.»

Orientemos la ejercitación hacia la inofensividad primero y hacia la cooperación después. Ser inofensivo o no violento, no implica ser pasivo o pusilánime. Ni mucho menos cobarde, como nos demostraron Mahatma Gandhi y Martin Luther King entre otros. Al contrario, se ha demostrado que es una fuerza implacable para combatir las injusticias, las opresiones y las tiranías. Uno de los temas para nuestra meditación consistirá en introducirnos en el valor del comportamiento no violento, a través del examen de nuestras reacciones cotidianas. Recordemos las palabras de Mahatma Gandhi:

> «La no-violencia es una fuerza activa de la más alta clase: es la fuerza o poder de la Divinidad en nosotros. Nos volvemos semejantes a Dios en la medida en que nos tornamos no-violentos».

> «No es verdadera la no-violencia si amamos meramente a quienes nos aman. Es realmente no violencia cuando amamos a quienes nos odian».

La no-violencia es un concepto que tiene bastante poder. Poder en mayúsculas para transformar a las personas y a la sociedad. Esta idea renació en el mundo de la mano de personas extraordinarias en el siglo pasado. Los libros de Historia suelen hablar de guerras, peleas y contiendas, más que del influjo de las ideas positivas. Y este es un ejemplo. La importancia e influencia de la actitud no violenta es una reflexión que debe hacer la sociedad en conjunto, o el mundo en su globalidad. Las personas con proyección pública tienen que tenerlo en cuenta en sus manifestaciones y en sus conductas. Es la mentalidad que debería guiar a los dirigentes y políticos más allá de su país y su época. No es un principio reciente. Recordemos a Pericles, el gran gobernante griego, quien en el siglo V a.C. en su lecho de muerte no se vanagloriaba de los éxitos que había logrado, sino solamente de que nadie en Grecia llevara luto por su causa. Es un concepto próximo a nosotros y que podemos aplicar en nuestras vidas cotidianas. Por ejemplo evitando las palabras ofensivas, los gestos agresivos, las opiniones fanáticas, el desprecio intransigente. Si practicamos un deporte de competición intentemos no dejarnos llevar por impulsos encolerizados. También si somos espectadores, evitemos la provocación airada. En general en todas las relaciones humanas descartemos las emociones indignadas, las salidas de tono, y busquemos la concordia, la caballerosidad. En las discusiones de tránsito y en todo tipo de discusiones, evitemos los malos gestos, ser desagradables, que no nos lleva a ninguna parte ni solventa los problemas. Pensemos que es muy sencillo suscitar las reacciones apasionadas de los demás, de los espectadores, como saben los oradores profesionales, y en cambio es más difícil calmar y apaciguar. La no-violencia empieza por aquí, cambiando los comportamientos, dando argumentos de simpatía hacia los demás y estableciendo discusiones sosegadas y con razonamientos. Nos llevará a tener altitud de miras, un concepto que urge recuperar. Es no fijarnos en lo inmediato, en los sucesos próximos, no mirar a la persona que tenemos delante y su comportamiento momentáneo. Es poner los ojos en el futuro y ver a una persona real, que podrá ser mejor, sus capacidades de progreso y superación; aunque nos pueda ofender o dañar en un momento dado, rechacemos la ira o la respuesta violenta y perdonemos sin rencor, de corazón. Como dice Martin Luther King, quien vivió y murió por estas ideas en el libro, *La fuerza de amar*:

> «En otras palabras, el perdón no es una cuestión de cantidad, sino de calidad. Un hombre no puede perdonar hasta cuatrocientas noventa veces sin

> que el perdón se integre en la estructura de su mismo ser. El perdón no es una acto ocasional; es una actitud permanente».

Después de esta reflexión pasemos a practicar la benevolencia intencional. Pensemos cómo podemos actuar en nuestro entorno para mejorar las cosas, a las personas que nos rodean, a los grupos de los que formamos parte. Hoy en día, por suerte, hay muchas organizaciones sin ánimo de lucro en las que podemos participar sin menoscabo de nuestras obligaciones; ambos empeños se pueden complementar. El mundo vive un florecimiento de la acción solidaria y desinteresada. Es el fruto del trabajo de las mentes avanzadas a su tiempo, que nació el siglo pasado y que ahora nos toca desarrollar y mantener. El trabajo por un mundo mejor debe ser nuestro objetivo. Y empieza por transformar nuestro interior. Este mensaje reside en la totalidad de *mindfulness*, existía y existe desde siempre. Se despertará en nosotros un nuevo sentido de concordia, de hermandad, de unión, en el sentido que nos dice John Donne, en su famosa *Meditación XVII*, tantas veces citada, pero no por ello tan llena de vigencia y que debemos recordar:

> «Ningún hombre es un isla en sí mismo. Cada hombre es un pedazo de continente, una parte de la Tierra. Si el mar se lleva una porción, por pequeña que sea, todo queda disminuido, como si fuera un promontorio, o la casa de uno de tus amigos, o la tuya propia.
>
> La muerte de cualquier hombre me disminuye porque pertenezco a la humanidad; por eso no

> preguntes por quién doblan las campanas: doblan por ti».

Fomentando estos valores solidarios y positivos de manera expresa en nuestra vida, incluyéndolos en nuestros ejercicios diarios de meditación, es conectar aún más con el propósito final de la misma. Precisamente esa es una de las grandes cualidades de la meditación, su gran aportación a la evolución de la humanidad. Para trascender lo que ahora somos, lo que hemos sido, lo que seremos, en el más amplio sentido evolutivo, individual y colectivo. En esa espiral de progreso constante que prepara el próximo futuro colectivo. Eso que con un gran acierto y visión Ervin Laszlo llama, *La gran síntesis*. La fuerza de *mindfulness* nos ayuda y prepara para dar ese próximo paso, conscientes de nosotros, de nuestro entorno inmediato, de nuestro entorno global, de nuestro entorno cósmico.

Bibliografía

Ballester, Mariano, *Experiencias de oración profunda*, PPC, 1984

Blay, Antonio, *Relajación y Energía*, Índigo, 1968.

Hatha-yoga: guía completa para la aplicación práctica de esta ciencia milenaria de la India al desarrollo físico, psicológico y mental de la personalidad, Iberia 1998.

El trabajo interior. Técnicas de meditación, Índigo, 1993.

Braza, Jerry, *Moment by Moment: the Art and Practice of Mindfulness*, Charles Tuttle, 1997.

Chopra, Deepak, *Las siete leyes espirituales del éxito*, Edaf, 1996.

Claxton, Guy, *Cerebro de liebre, mente de tortuga*, Urano, 1999.

Crick, Francis, *La búsqueda científica del alma. Una revolucionaria hipótesis para el s. XXI.* Círculo de lectores, 1994.

Dürckheim, Karlfried Graf, *El camino de la trascendencia: el hombre en busca de su integridad,* Mensajero, 1996.

La vida cotidiana como ejercicio de superación moral, Iberia, 1965.

Meditar: por qué y cómo, Mensajero, *1982.*

Easwaran, Eknath, *Meditación. Ocho puntos para transformar la vida,* Herder, 1995.

Toma tu tiempo: los ocho pasos para encontrar el equilibrio en un mundo acelerado, Integral, 1999.

Fromm, Erich; Suzuki, Daisetz Teitaro, *Budismo Zen y Psicoanálisis*, Fondo de cultura económica, 1981.

Gandhi, Mahatma, *Mi religión*, Dédalo, 1977.

Gunaratana, Bhante Henepola, *Practica de la atención plena en nuestra vida cotidiana*, Pax Mexico, 2007.

Goleman, Daniel, *Los caminos de la meditación*, Kairos, 1977.

Inteligencia emocional, Kairós, 2000.

Herrigel, Eugen, *Zen en el arte del tiro con arco*, Kier, 1993.

Krishnamurti, Juddu, *La raiz del conflicto*, Sirio, 2000.

La persecución del placer, Sirio, 2000.

A los pies del maestro: Palabras de su maestro, el comienzo del sendero, Gaia, 2009.

Kabat-Zinn, Jon, *Vivir con plenitud las crisis,* Kairós, 2004.

La práctica de la atención plena, Kairós, 2007.

Llamanado a tu propia puerta: 108 enseñanzas sobre la atención plena, Kairós, 2008.

Mindfulness en la vida cotidiana: Donde quieras que vayas allí estas, Paidós, 2009.

Lavilla, Mónica; López, Beatriz, *Mindfulness o Cómo practicar el aquí y el ahora,* Paidós, 2008.

López-Gay, Jesús, *La mística del budismo*, BAC, 1974.

MacKay, Matthew, *Técnicas cognitivas para el tratamiento del estrés*, Martínez Roca, 1998.

Naranjo, Claudio, *Psicología de la Meditación*, Troquel, 1989.

Nhat Hanh, Thich, *El milagro del Mindfulness*, Oniro, 2007.

Llamadme por mis verdaderos nombres, La Llave, 2001.

El largo camino que lleva a la alegría: La práctica de la meditación caminando, Oniro 2004.

Lograr el milagro de estar atento, Librería Argentina, 2006.

Vivir el Budismo: O la práctica de la atención plena, Kairós, 2000.

Nyanaponika, Thera, *Los fundamentos de la atención*, Librería Argentina, 2007.

El camino de la atención: El corazón de la meditación budista, Librería Argentina, 2005.

El poder de la atención mental, Jaguar, 2004.

Proto, Louis, *Aprende a meditar*, Robinbook, 2002.

Punset, Eduard, *El alma está en el cerebro,* Destino, 2006.

Rajnessh, Bhagwan, *¿Qué es meditación?,* Koan, 1978.

Ramacharaka, Yogi, *Ciencia hindú yogui de la respiración*, Libro-Mex, 1982.

Hatha yoga: Filosofía del bienestar físico, Kier, 1983.

Rojas, Enrique, *La ansiedad: cómo diagnosticar y superar el estrés, las fobias y las obsesiones*, Temas de hoy, 2004.

Rubia, Francisco, *La conexión divina*, Crítica, 2004.

¿Qué sabes de tu cerebro?, Temas de hoy, 2006.

Sacks, Oliver, *El hombre que confundió a su mujer con un sombrero*, Proa, 2004.

Saddhatissa, Hammalawa, *Introducción al budismo,* Alianza Editorial, 1971.

Salmurri, Ferran, *Libertad emocional,* Paidós, 2004.

Saraydarian, Torkom, *La ciencia de la meditación*, Kier, 1979.

La ciencia de ser uno mismo, Kier, 1991.

Servan-Schreiber, Jean-Louis, *El nuevo arte de vivir el tiempo: contra el estrés*, Paidós 2001.

Simpkins, Alexander, *El Zen simple: el arte de vivir el momento presente*, Océano, 2005.

Suzuki, Daisetz Teitaro, *Introducción al Budismo Zen*, Mensajero, 1986.

¿Qué es el Zen?, Losada, 2006.

Solà, Albert, *Estrés y calidad de vida*, Folio, 1993.

Sotokvis, Berthold; Wiesenhütter, Eckart, *Técnicas relajadoras y de sugestión*, Herder 1983.

Tilmann, Klemens, *Temas y ejercicios de meditación profunda*, Sal Terrae, 1982.

Tolle, Eckhart, *El silencio habla*, Gaia, 2004.

Practicando el poder del ahora: Enseñanzas, meditaciones y ejercicios esenciales extraídos de el poder del ahora, Gaia, 2009.

El poder del ahora: Una guía para la iluminación espiritual, Gaia, 2009.

Los guardianes del Ser, Gaia, 2009.

Troch, Achim, *El estrés y la personalidad*, Ed. Herder.

Watts, Alan, *El camino del Zen*, RBA, 2006.

Weiss, Brian, *Meditación: cómo dejar atrás las tensiones y el estrés y alcanzar la paz*, Vergara, 2003.

En Internet

Asociación Española de Meditación Vipassana, *Textos y Fichas de Dhamma y Meditación*
http://www.meditacionVipassana.com/

Asociación *Mindfulness* y Salud
http://www.amys.es/557.html

Buddha Dharma education association
http://www.buddhanet.net/ebooks.htm

Bullitt, John, *What is Theravada Buddhism? Access to Insight*.http://www.accesstoinsight.org/lib/authors/bullitt/theravada.html

Centro para Minfulness y Psicoterapias (California)
http://www.*mindfulness*andpsychotherapy.org/writings.asp

Cloud, John, *The Third Wave of Therapy*
http://www.time.com/time/magazine/article/0,9171,1156613-2,00.html

Cordeaux, Jean *Buddhism*
http://www.world-faiths.com/Buddhism/buddhism.htm

Instituto Italiano de *Mindfulness*
http://www.istituto*mindfulness*.com/es/index.php

Kabat Zinn, Jon, *Notes from Jon*
http://www.*mindfulness*cds.com/note.html

Mind & Life Institute
http://www.mindandlife.org/

Religious Tolerance, *The Theravada Buddhism*
http://www.religioustolerance.org/buddther.htm

Vipassana Fellowship, *Right Mindfulness*,
http://www.Vipassana.com/resources/8fp6.php

Meditation Practices for Health: State of the Research. Prepared by the University of Alberta Evidence-based Practice Center AHRQ: Agency for Healthcare Research and Quality. 2007.
http://www.ahrq.gov/downloads/pub/evidence/pdf/meditation/medit.pdf

También hay referencias interesantes en «Guía *Mindfulness*», cuya dirección es la siguiente:
http://sites.google.com/site/guia*mindfulness*/

El autor dispone del siguiente blog:
http://elnath.wordpress.com

En esta misma colección:

Aunque tenga miedo, hágalo igual

Susan Jeffers

Libérese de los temores, sea quién quiere ser y viva la vida como realmente desea vivirla.

«La gente que tiene éxito, actúa. A la que le gustaría tenerlo, reflexiona.» Después de leer esta frase entenderás que si quieres cumplir tus deseos, debes tener la audacia de pedir.
Pierre Morency lleva más de veinte años realizando investigaciones científicas sobre el éxito y aquí propone mostrarnos el fruto de dichas investigaciones. Uniendo su formación de físico a una curiosidad insaciable, el autor pone en tela de juicio las evidencias con el fin de demostrar que el mundo no es tal y como lo concebimos.

Pensamiento positivo

Vera Peiffer

EL método práctico para disfrutar de la vida.

El optimismo puesto en acción para conquistar el éxito y la salud.

Este libro expone una serie de ideas y ejercicios prácticos que nos ayudarán a eliminar los obstáculos y a conquistar el control de nuestro propio futuro mediante:

- la elaboración de un programa adaptado a la personalidad de cada individuo,
- la superación del estrés en la vida doméstica y en el trabajo,
- la toma de contacto con los sentimientos interiores y la eliminación de los pensamientos negativos.

Pide y recibirás
Pierre Morency

¡Sé audaz! ¡Pide y conseguirás lo que desees!

«La gente que tiene éxito, actúa. A la que le gustaría tenerlo, reflexiona.» Después de leer esta frase entenderás que si realmente quieres cumplir tus deseos, debes tener la audacia de pedir.
Pierre Morency lleva más de veinte años realizando investigaciones científicas sobre el éxito y aquí propone mostrarnos el fruto de dichas investigaciones. Uniendo su formación de físico a una curiosidad insaciable, el autor pone en tela de juicio las evidencias con el fin de demostrar que el mundo no es tal y como lo concebimos.

Resiste y vencerás
Alain Samson

Cómo salir a flote de cualquier situación y trabajar con líneas emocionales positivas.

El autor nos revela las diez claves precisas para vivir más feliz: escuchar a tus sentimientos, identificar los temores injustificados, descubrir lo que te hace vibrar, saborear el presente o encontrar cualidades en las personas que nos rodean, son algunos ejemplos. Nadie se libra de pasar determinadas pruebas en la vida, ya sean pequeñas o grandes. Pero todo el mundo puede afrontarlas… y triunfar.

En la colección VITAL:

Aprende a vivir con optimismo

Catherine Douglas

Este libro nos presenta un resumen de las más eficaces ideas y consejos para alcanzar las metas que nos propongamos. La autora nos enseña cómo motivarnos aplicando las técnicas del pensamiento positivo, desarrollo de la autoestima, afirmaciones, visualizaciones, autosugestión, etc. Catherine Douglas nos ahorra teoría y va directamente a lo práctico, aportando consejos que pueden aplicarse de manera inmediata.

Mejora tu salud emocional

Robert Cameron

Este libro trata ante todo de ti. Está centrado en tus emociones, en tu aptitud individual para crear una fuerte autovaloración para aumentar gradualmente tu autoestima. A través de las afirmaciones que te propone, puedes aprender a expresar sentimientos, a disfrutar de tu propia compañía y a actuar espontáneamente. Una guía muy práctica diseñada como un viaje en el que podrás abordar los momentos en que has modelado tu personalidad, tu representación de la realidad y la forma en que ésta se proyecta hacia los demás.

Si quieres, puedes

Daniel y Patricia Day

Los autores han conseguido con esta obra que miles de personas vuelvan a confiar en sí mismas, proponiéndonos numerosos ejercicios de meditación, afirmaciones y consejos que te ayudarán a confiar en tu sabiduría intuitiva y también a mejorar emocional y espiritualmente para conseguir una vida más intensa y sobre todo, feliz.